创新创业教育理论与实践新探索

唐 丽 李 伟 康灵红◎著

线装書局

图书在版编目（CIP）数据

创新创业教育理论与实践新探索/唐丽, 李伟, 康灵红著. --北京：线装书局，2024.1

ISBN 978-7-5120-5839-2

Ⅰ.①创… Ⅱ.①唐… ②李… ③康… Ⅲ.①创造教育—研究 Ⅳ.①G40-012

中国国家版本馆CIP数据核字(2024)第032829号

创新创业教育理论与实践新探索
CHUANGXIN CHUANGYE JIAOYU LILUN YU SHIJIAN XIN TANSUO

作　　者：唐　丽　李　伟　康灵红

责任编辑：林　菲

出版发行：线装书局

地　址：北京市丰台区方庄日月天地大厦 B 座 17 层（100078）

电　话：010-58077126（发行部）010-58076938（总编室）

网　址：www.zgxzsj.com

经　销：新华书店

印　制：北京四海锦诚印刷技术有限公司

开　本：787mm×1092mm　　1/16

印　张：11.5

字　数：222千字

版　次：2024年1月第1版第1次印刷

定　价：78.00元

线装书局官方微信

前　言

国家高度重视学校创新创业教育工作。在国家创新驱动发展战略部署下，为社会培养具有创新精神和创业意识的人才成为学校人才培养的必然要求。新经济、新时代、新职业对人才提出了新的要求，需要充分发挥学校的主体作用、政府的支撑和保障作用、企业的示范带头作用，通过多方参与形成合力，共同推动学校创新创业教育。

本书是创新创业教育研究方面的书籍，主要研究创新创业教育理论与实践，本书从创新创业教育理念及体系建设入手，针对教育理论与教学管理、教学方法与教师教学能力形成、创新创业教育的方法、创新创业教育的模式与改进进行了分析研究；另外对创新创业的实践与展望进行了综合探讨。本书立足校情和学情，立足学生的专业特点和知识水平，内容取舍以实用、实际、实效为原则，精讲细练，对各种知识点和技能进行着重讲述。以创新创业为导向，突出"创学结合"的教学模式，凸显对学生的创新精神、创业意识和创新能力培养，充分调动学生思维，使其达到触类旁通、快乐学习的目的。

本书对创新创业教育理论的探究、创新创业教育实践的指导具有重要价值，对学生参加创新实践活动，在具体的实践活动中积累经验、增长本领，最终成为创新创业型人才具有参考意义。本书既可作为学校创新创业教育的参考用书，也可作为企业继续教育的培训参考资料，还可以作为拓宽视野、增长知识的自学用书。

本书在编写的过程中，参考了大量的著作、杂志和网络文献，在此向被参阅、引用信息与资料的作者表示衷心的感谢！由于编者水平有限，书中难免存在疏漏和不妥之处，敬请广大读者批评指正。

目　录

第一章 创新创业教育理念及体系建设

第一节 创新与创业的关系

一、创新概述

(一) 创新的概念

创新是创新主体在实践中发现新过程、新特质和新规律，并且用新方法通过新流程、新产品、新服务和新事业来创造价值的过程。

(二) 创新的特点

创新具有显著的特点，概括来说，这些特点主要包括以下几个方面。

1. 普遍性

创新存在于人类活动的一切领域中，大到发明发现，小到各种改革。这说明了创新具有普遍性。

2. 超前性

创新是一种首创，至少在一定范围内属第一。创新应该是超前于社会的认识，超前于市场开发，它要站得高、看得远、瞄得准。

3. 目的性

创新总是为了解决某一问题而进行的，它总是与某个任务相关联的。所以说，创新是一种有目的地认识世界和改造世界的实践活动。这个特征贯穿创新过程的始终。

4. 新颖性

创新是创造出新的"事物"。"新"是指人类历史从未有过的发明、发现和创造。这些发明和创造极大地推动和加速了人类社会的历史进程。

5. 变革性

创新是对已有事物的一种革新，是一种比较重要的变革。穷则变，变则通，通则久。这个由"变"到"通"的过程，就是创新的过程。

6. 社会性

创新具有社会性的特点，这里所说的社会性是指创新活动具有有利于群体创新和社会发展的属性，当然，这不是说，创新的社会性仅仅只包括有利于群体创新和社会发展的属性，创新的社会性也包括个体性的创新活动。而个体性的创新活动与群体创新活动之间也存在着密切的联系，这主要表现在以下两方面。

第一，人是社会中的人，其创新意识和能力都来源于社会，都是社会创新活动在个体中的反应；而人也是具有鲜明个性的人，虽然个体的创新意识和活动来源于社会，但同时也会对社会群体创新活动做出一定的贡献。

第二，由于每个个体都存在于社会中，都是社会中的一员，所以，个体的创新活动也是整个社会群体创新活动的重要组成部分，也具有社会性质。

7. 高风险性

创新的高风险性主要来源于不确定性，例如市场的不确定性、技术的不确定性等，这些不确定性会导致两种结果的出现：一种结果是有利于创新；另一种结果是不利于创新。而不利于创新的这种结果就会带来一些风险，通常来说，不确定性越高，创新的风险性就越大。

8. 双重性

创新具有双重性的特征，这主要表现在以下几方面。

第一，创新是能动性和受动性的统一。创新的能动性是指在创新活动中不能听任客观事物固有规律的摆布，而应该发挥创新者的主观能动性，不断实现超越。创新的受动性是指它受制于客观事物运动的规律，受制于创新手段和创新目的，受制于创新主体的水平和能力等。

第二，创新是绝对性和相对性的统一。总体来说，创新是绝对的、无限的；但就每个具体的创新来说，创新又是有限的和相对的。

第三，大多数创新活动对社会发展具有重大的促进作用，但也有一些创新活动对社会发展具有一定的破坏性、阻碍性作用，关键是如何利用和由谁来利用创新成果。

（三）创新的本质

1. 创新是一种思维状态

创新思维是个体在观念层面新颖、独特、灵活的问题解决方式，是创新实践的前提与基础，如果想不到是不可能做得到的。研究表明，具有创新思维的人常常感受敏锐、思维灵活，能发现常人视而不见的问题并能多角度地考虑解决办法；理解深刻，认识新颖，能洞察事物本质并能进行开创性的思考；思维辩证，实事求是，能合理运用逻辑与直觉、正向与逆向等思维方式，不走极端，能把握事物的中间状态等。

2. 创新是一种精神

创新精神是指要具有能够综合运用已有的知识、信息、技能和方法，提出新方法、新观点的思维能力和进行发明创造、改革、革新的意志、信心、勇气和智慧。创新精神是一种勇于抛弃旧思想、旧事物而创立新思想、新事物的精神。创新是一个国家和民族发展的不竭动力，也是一个现代人应该具备的素质。

3. 创新是一种人格特征

创新人格是指有利于创新活动顺利开展的个性品质，它具有高度的自觉性和独立性，是一个人的品质与德行体现。创新人格是创新主体进行创新活动的心智基础和创新主体进行创新活动的能力基础。创新作为一种人格特征，具体表现为以下几点。

第一，具有开放性、好奇心、挑战性和自信心。

第二，不满足已有结论，不相信唯一正确解释。

第三，不迷信权威。

第四，不屈服于任何外在压力而放弃自己的主张。

4. 创新是一种实践

创新是一种创造性实践行为，这种实践为的是增加利益总量，需要对事物和已有的发现进行利用和再创造，特别是对物质世界矛盾的利用和再创造。人类通过对物质世界的利用和再创造，制造出新的矛盾关系，形成新的物质形态。创新活动是创新思维的发展与归宿，是个体在实践层面的新颖、独特、灵活的问题解决方式，经验性的研究表明，具有创新活动能力的人经受过大量实践问题的考验，他们乐于设计与制作，有把想法或理论变成现实的强烈愿望；不受现实的束缚，不断尝试错误、不断反思、不断纠正；愿意参加形式多样的活动，乐于求新、求奇、创造新鲜事物等。这些都是创新思维的外显行为。

（四）创新的意义

创新是人类社会进步的重要途径，具有较强的现实意义，概括来说主要包括以下几方面。

1. 创新是一个民族进步的灵魂，是一个国家兴旺发达的动力

随着竞争的加剧，创新已成为一个国家发展与发达的关键。可以说，创新是一个国家的生命。

第一，从政治角度来看，创新推动生产关系和社会制度的变革。理论创新是社会发展和变革的先导，理论创新会推动制度创新、技术创新、知识创新等其他创新方式的发展，进而促使生产关系和社会制度发生变革，实现创新的目的。

第二，从经济学角度来讲，创新推动社会生产力的发展。科学的本质就是创新，科学技术的发展必然导致生产工具与劳动技术的更新，间接提高了劳动者的基本素质，最终促进社会生产力的提高。

第三，从文化角度来看，创新推动人类思维和文化的发展。思维方式的变化受到人的实践方式影响。可以认为，行为方式一定程度上作用于思维方式。文化的改变也需要行为方式的发展与革新，所以创新也推动了人类文化的发展。

创新是民族进步的灵魂，我们需要树立创新意识，不断进行创新。

2. 创新是一个人在工作乃至事业上永葆生机和活力的源泉

创新是一个人在工作乃至事业上永葆生机和活力的源泉，这主要表现在以下几方面。

第一，创新是人的自身需要，创新使人产生改变现实、创造更理想世界的渴望。个人对创新进行观念上的分解和组合，以自己的价值取向选取和重构，创造出有利于人的具有新的结构和功能的观念客体。这一系列的复杂活动，是人类创造力的最重要条件。

第二，创新是人改造世界的实践活动与精神状态的统一。人为了满足日益增长的物质生活与精神生活的需要，总是通过自身的物质生产活动和精神生产活动，不断创造出不同于既存事物的新产品，以充分体验和实现自己的生命价值。创新恰恰是这一目的的实践过程。

3. 创新促成社会多种因素的变化，推动社会的全面进步

创新根源于社会生产方式，它的形成和发展必然进一步推动社会生产方式的进步，从而带动经济的飞速发展，促进上层建筑的进步。创新进一步推动人的思想解放，有利于人们形成开拓意识、领先意识等先进观念；创新会促进社会政治向更加民主、宽容的方向发展，这是创新发展需要的基本社会条件。这些条件反过来又促进创新的扩展，更有利于创新活动的进行。

二、创业概述

（一）创业的概念

创业是指拥有一定的知识、技能和资源的创业者把握住一定的机会创造新企业，从而能够为消费者提供产品和服务，能够为社会创造出财富和价值，做出一定的贡献的过程。

（二）创业的特点

创业也具有显著的特点，概括来说主要包括以下几方面。

1. 开创性

对于创业者来说，创业具有开创性的特点，创业是创业者所经历的一场前所未有的事业，是一种从无到有、从小变大的过程。

2. 自主性

对于创业者来说，创业具有自主性的特点，因为在创业过程中，创业者要自主决定创业中的各项要素，如计划、资金、团队成员等，并且对于创业过程中存在的各种风险，创业者也要自主承担。

3. 发展性

创业也具有发展性的特征，因为创业是一个不断发展变化的过程，创业过程中的每一项决策都有可能导致创业的不断发展。

4. 艰辛性

对于创业者来说，创业充满了艰辛，在创业过程中充满了太多的不确定因素，这些不确定因素都有可能会给创业带来风险，只有创业者具有良好的素质，才有可能取得创业的成功。

5. 经济性

创业也具有经济性的特点，这主要表现在以下两方面。

第一，创业可能会为创业者带来良好的经济效益。

第二，创业会为社会提供一些就业岗位，从而为社会创造财富。

6. 社会性

创业具有社会性的特点，因为创业是在社会中进行的，它可能会为社会创造巨大的财富和产生巨大影响。

7. 不确定性

在创业的过程中，创业者有可能会遇到各种各样的困难，这些困难都具有不确定性，不确定性越高，创业者所遇到的风险性也就越高。

8. 风险性

在创业过程中，有很多的不确定性，比如人员、资金、决策等，这种不确定性导致创业中存在各种各样的风险。

（三）学生创业的影响因素

1. 个人因素

将个人的性格、气质和特长与创业项目结合，会极大地提升创业成功的可能性。很多创业成功的人士都是从他们的爱好和特长出发开始创业脚步、最终取得成果的。

2. 家庭因素

第一，家庭因素会对学生的创业选择带来一定的影响。如果家庭条件好，学生就有可能得到较多的资金和其他方面的支持，创业的欲望和动机也会比较强烈；而如果学生的家庭条件不好，则学生可能会考虑是否应该先就业为家庭解决一些负担，而如果选择创业，来自家庭方面的支持会比较少，学生可能会承受更多的压力。

第二，父母的价值观对学生的创业也会造成一定的影响。如果父母能够以平常心来看待子女的创业，能为孩子的创业选择给予鼓励和支持，那么学生可能会以积极的心态去处理在创业过程中遇到的各种困难和问题，创业也比较容易取得成功；而如果父母总是担心子女在创业过程中遭遇失败，对于创业的子女常常耳提面命，那么他们的子女在创业过程中可能会蹑手蹑脚，怕这怕那，遇到挫折时也不能够以积极的心态去面对，那么他们很难取得创业的成功。

3. 学校因素

近年来，各学校已经注意到学校教育对学校毕业生创业的影响，并推出了有针对性的措施和各种教学、训练活动，这对学生创业起到了直接的推动作用。另外，学校的教学活动，尤其是以创新为主题的教育教学改革也在潜移默化中起到了积极作用。

4. 社会因素

对学生创业的影响主要体现在两个方面：

第一，政府出台的与学生创业相关的各种优惠政策、法律保护措施以及风险投资机构提供的各项支持。

第二，学生创业的社会舆论影响。毕业生从众心理较强，在行动之前往往会参考周围同学朋友对创业持有的观念，尤其愿意听取已经有创业成功或失败经历的学生对创业的看法，然后再决定自己的行动。

（四）学生创业面临的机遇

1. 国家为学生创业提供了有力的政策支持和制度保障

国家为了鼓励学生创业，出台了许多利于学生创业的相关政策和文件，为学生提供了资金和技术等方面的支持，对学生创业具有积极意义。

2. 国家产业结构调整为学生创业提供了机遇

当今社会，国家正在进行产业结构的调整，鼓励新兴产业的发展，这就为学生创业提供了良好的机遇，在这一背景下，学生的创业门槛低、创业成本也比较低，这都为学生的创业提供了机遇。

3. 良好的舆论支持和价值引导

目前，在党和政府的支持下，社会广泛认同创业，也支持创业，这为学生创业提供了良好的舆论支持和价值引导，对学生创业具有积极意义。与以往相比，目前学校也比较重视对学生进行创业教育，这也对推动学生创业提供潜移默化的作用。

（五）学生创业面对的挑战

机遇总是和挑战并存，学生创业面临的挑战主要包括以下两方面。

1. 政策配套和政策落实有一个过程，创业环境有待改善

虽然近些年来国家相继出台了一些鼓励和指导学生创业的相关政策，但这些政策在一些部门之间相互配合时需要一定的时间，有时因为某些部门的原因，不能很好地将这些政策予以落实，从而造成了各部门之间无法正常配合的情况，甚至在某种程度上对学生的创业活动造成了一定的制约。所以说，政策的配套和落实需要有一个过程，学生的创业环境仍然有待改善。

2. 学生自身存在的不利因素

（1）资金缺乏

学生创业过程中，创业启动资金是最大的障碍，许多有创业意向的学生，由于缺乏启动资金而不得不望而却步。

（2）缺乏市场的销售渠道和营销经验

学生长期生活在校园里，所以缺乏对市场销售渠道和营销经验的了解，营销渠道和经验对于一个企业的发展来说非常重要，所以，如果学生想要自主创业，就要从学校时期开始关注这方面的内容，利用一切可以利用的渠道去获得相关的营销经验，了解市场销售渠道，为自己未来的创业做好充足的准备。

（3）缺乏对企业的管理经验

一个企业要能够正常运行，不仅要有好的项目、资金保证，还必须要有丰富的企业管理经验。很多学生创业者创办的企业之所以走到十字路口而徘徊不前，主要原因之一就是缺乏企业管理经验。

（六）学生创业应处理好的几个关系

1. 创业与毕业的关系

学生自主创业可以发挥年轻、充满激情、创造力强的优势，不过必须要踏踏实实从点滴做起。面对日趋严峻的就业形势，毕业即创业是当前学生就业过程中积极倡导的一种就业选择。一些具备创业条件、有强烈创业欲望的毕业生，选择毕业后自主创业的途径，不仅不为社会增加就业压力，而且为他人提供更多的就业机会，这不失为一种明智的选择。

2. 创业与学业的关系

在校学生创业是其参与社会实践的一种方式，目的应该是促进学业。若把创业简单理解为当老板、赚大钱，把主要精力放在创业上，一味追求短期效益，忽略了自身知识和能力的锻炼提高，是一种舍本逐末的行为，其结果将落得学业和创业两手空。因此，在校学生的创业定位很重要，应以创业、学业两不误为前提。同时，人生每个阶段都有一个主要的任务，如果学习阶段不抓住机会，将会耽误自己一辈子，而创业机会在毕业后还会有很多。因此，在校学生对创业不应草率效仿。从长远来看，学业是创新、创业的基础，只有打好深厚扎实的知识和能力基础，才能真正有利于自身的发展。因此，在校学生创业首先应从增长知识、提高能力上入手，以此为基础在学有余力时再去创业。对少数学习特别优异、科研成果突出，并崭露头角的学子而言，边读书边创业是一种理想的选择。但由于又要完成学业，又要创业，时间和精力上需要相当大的投入，面临的困难显而易见，有时会顾此失彼。

3. 创业与就业的关系

有人说，创业是自己做老板，从事自己创造出来的工作；就业是当打工仔，只能帮别人工作。这是一种错误的说法，它只是着重于创业与就业之间的区别，而没有看到两者之间的密切关系。其实，就业是创业的基础，人们在就业中培养自己的工作能力，提高业务水平，可以为日后的创业做好准备。创业一方面能实现自我就业，另一方面能向社会提供就业机会。但是有些人并不能正确地认识创业与就业之间的关系，认识不到就业是自己创业的基础，个人也可以在就业中创出属于自己的业绩来，因而他们在上岗就业之后就表现出无心进取、无责任感、私心严重、自由散漫等毛病。其实，就业对大多数人来说都是必需的。因为只有通过就业，才能在社会中找到自己的位置，在对社会做出贡献的同时获得自己生活的来源。每个人都应有爱岗敬业和艰苦奋斗的精神，而这种精神正是创业的基础。

三、创新与创业之间的关系

（一）创新与创业的契合

虽然创新与创业是两个不同的概念，但这两个概念之间却存在这一定的联系。奥地利著名经济学家熊波特认为，创新是生产条件和生产要素之间的一种新的组合，这种组合使原来的成本曲线得到不断更新，由此会产生出一种超额利润或者是潜在的超额利润。从这一方面来说，创新与创业活动在本质上具有一定的关联性。可以说，创新是创业的基础，创业推动着创新。从总体上来说，科学技术不断发展，人们的思想观念也在不断更新，这些都导致人们的生产和生活方式发生一定的变化，由此引发出了一些新的生活活动等的出现，从而为社会带来了一些新的需求，正是这些需求的出现，才导致创业活动的不断涌现。不管是哪种类型的创业，主动性都是创业者的一种显著特征，正是因为有了主动性，才使得创业过程中能够最大程度的创新，因为只有更多的创新，创业才有可能取得较大的成功。

（二）创业与创新的相互作用

1. 创新是创业的本质与源泉

对于创业者来说，必须要具有一定的创新意识和创新思维，只有这样，才能不断产生新观念和新想法，才能不断探索出新的创业模式，从而在众多创业者中脱颖而出，取得创业的成功。

2. 创新的价值在于创业

从一定程度上来讲，创新的价值就是在于将潜在的知识和能力等转化为现实的生产力，从而能够为创新的主体创造价值，为社会创造财富，而实现这一目的的重要手段便是创业。通过创业，创业者可以将自己的知识和能力等转化为现实的生产力，从而为自己和社会创造价值，但需要注意的是，在创业的过程中，创业者一定要有不怕艰难险阻的精神，遇到困难和挫折时要努力克服，只有这样才有可能取得创业的成功。

3. 创业推动并深化创新

创业可以推动一些新产品和新发明的出现，从而推动并深化创新，能够推动创新活动不断出现，对整个国家的经济增长具有重要意义。

第二节　创新教育的理念及体系建设

创新教育不仅要培养学生的创造力，还在于唤醒学生的创新意识，训练其创新思维，在创造力的培养中完善创新人格。

一、创新教育概述

创新教育就是依据创新规律来开发人的创造力、培养创新型人才的教育。

（一）创新教育的原则

1. 启蒙性原则

启蒙性原则，就是将创新教育的实施时间尽可能地提前，启蒙教育是创新教育的起点。我国的教育在启蒙性原则方面较为欠缺，比如，中小学教育确实注重创新，但是，在启蒙方面是欠缺的，这就导致了创新意识无法得以建立，我们必须在学前教育和小学教育阶段就将学生探索精神、科学态度和方法的培养作为关注的重点。

2. 德育为先原则

创新教育的实施就是为了通过博大的人文精神去熏陶受教育者，使其具有充分的创新能力，并以此来为社会发展作出贡献。创新能力属于中性的，"近朱者赤，近墨者黑"，创新能力受到人的情感、道德品质的驾驭和支配。一个人的社会公德和职业道德也是很大程度上影响甚至决定着其事业的成败。创新教育遵循教育为先的原则，引导学生树立学习的理想及事业心。因此，对于教育者来说，其在创新教育中应该担负的职责有二：一是应教会学生如何做人；二是教会学生如何思考。创新教育遵循德育为先的原则。

3. 主体性原则

以主体性原则为依据，一方面，要尽可能地为学生提供独立活动的机会、时间和空间；另一方面，主体性学习应有"质"的规定性，从实质上来说，主体性学习要求学生在学习方面有显著的积极性、主动性、独立性和创造性。

4. 问题性原则

问题性原则指的是教育者在实施创新教育过程中，以问题为线索，来进行进一步的探究、发现、创新，引导学生不断探索。为此，教育者在实施创新教育教学过程中，要对以下几个方面加以把握。

第一，设计问题时要注意新颖性与层次性。

第二，教育者要让学生通过自己的探索去发现结论和方法，不要直接提供答案。

第三，教育者要充分允许学生提出任何问题，不打击、不忽视，使学生逐步做到想问、敢问和善问。

5. 发展性原则

创新教育以学生身心发展规律为依据，目的是实现学生的认知和个性发展的和谐统一，是一种发展性教育，所以具有发展性的原则。教育要将学生各方面的发展看作是一个整体的过程，因此，在实施教育的过程中，要将学生的智商发展与情商发展统一起来，对学生人格的健全与认知水平的提高也同样加以重视，不可忽视其中之一。

6. 民主性原则

民主性原则，指在实施创新教育过程中，教师在教育教学中，要发扬民主精神，营造出有利于学生创新的民主氛围。教师要善于将学生的主动性和积极性充分激发出来，还要将师生之间、学生之间民主、合作的和谐关系体现出来。要让学生主动将自己的想法充分表达出来。除此之外，还要提倡学生与学生、教师与学生之间的多向交流、不同观点的碰撞，在创新教育中将其民主性原则充分体现出来。

7. 创新性原则

在创新教育过程中遵循创新性原则应做到以下几方面。

第一，要选择的问题需要是开放性的，以此来尽可能激发出学生的思维。

第二，要对学生思维的流畅性、变通性和精确性进行引导，使其具有一定的灵活性和变通性。

第三，要采取积极鼓励的方式，激励学生大胆运用假设，增大创新的可能性。

8. 开放性原则

创新教育的开放性，就是指创新教育在教学实践中的教学空间要是开放性的。创新教育的实施遵循开放性原则，要求做到以下几方面。

第一，学生在课程中的心态是自由开放的。

第二，教学内容具有开放性。

第三，教师对于学生的开放性思维应具有肯定的态度。

第四，教育方法不应受各种条条框框的限制，应具有开放性的特点。

(二) 创新教育的特征

创新教育的特征主要包括以下几方面。

1. 前瞻性

创新教育是一种科学合理的现代教育，更适合人类的进步和发展，是在现实基础上培养创新人才的教育。这里所说的前瞻性，与超前之间是有区别的，只有有规律、有章法、有计划性的超前才是称得上是前瞻性，不能将创新教育的前瞻性特点与那些毫无章法的超前之间划等号。通过具体分析，可以将创新教育的前瞻性理解为：这是一种较高的教学目标，教师和学生通过相互配合、共同努力是可以实现的，同时，这一努力的过程中渗透了世界先进的教育理念、教学方法，同时还与我国的基本国情相结合。由此所得出的教学目标，不仅仅具有显著、引导性和超越性特点，还能保证其可行性，满足现代社会发展以及新课程改革的需求。

2. 全面性

创新教育对教育者的基本要求为：在教育创新过程中，不仅要考虑到学生对本科教材知识的接受程度，更要使学生在关注自身学科知识的同时，更大程度地理解其他相关知识，使学生得到更全面的发展，为他们未来的学习和生活奠定基础。如此一来，学生所掌握的知识能够更加广阔，不仅知识结构得以完善和优化，视野也会因此而变得更加开阔，为以后走入社会创造良好的条件，从而使学生偏科的现象发生的机率减少，对学生学习的积极性的激发也是非常有帮助的。此外，还要在思想上做到全面性，对学生的学习思维以及兴趣爱好加以关注，这会对学生的学习教育产生指向性的作用。教师也要重点关注这一方面，充分了解并把握学生的各方面特点、能力水平，对学生的优点以及兴趣爱好了然于胸，然后以此为依据，对不同的学生进行有针对性和侧重点的引导，以此来有效保证他们的全面性发展。

3. 实用性

实用性是创新教育非常重要的一个价值，也是实施创新教育的最终目的。创新教育作为一种实践创新的教育形式，一定要大力推广和普及，以此来进一步培养创新型人才。此外，在国家建设方面也加以创新，使创新教育的实用性特征得到更加广泛的体现。

4. 时代性

我国的教育形式是随着时代的更替而不断发展的，从最早的私塾，到应试教育，再到素质教育，再到现在的实践创新教育，这一个教育的发展过程，也体现出了建设社会的发展历程。学校由被动的教育向"创新性教育"的转变和学生由机械式的学习到"创新性学习"的转变，是教育事业中最重要的两个转变，抓住了现代化教育改革的核心和本质，能够将实施创新教育的鲜明时代性特征反映出来。

5. 超越性

创新教育从本质上来说就是引导学生不断学习和前进，使他们能够努力学习，能够不怕困难，勇于挑战，这就要求教师要积极进行引导，使他们树立崇高的理想和拥有坚定的信念，同样的，教师自身也需要去超越自我、追求更高、勇往直前、不甘落后。

6. 探究性

学生在提倡的学习过程中，只有将其探索的兴趣激发出来，才能使其在主动参与到教学活动中产生动机和动力，学生的思维以及学习能力才能得到真正的提高和锻炼。因此，这就要求教师应当主动鼓励学生参与到课堂当中去，并且充分发挥自身的智慧，对教师在课堂上提出的问题进行思考，并且提出自己的解决方案。对于教师来说，要对学生的思考和提出自己的想法进行积极鼓励，从而很好地保护学生的创新性，使学生在积极鼓舞的状态下，更好地进行创新，保证学校创新教育的顺利实施。

7. 应用性

随着社会的发展进步，科学技术的不断更新，新的教育思想、教育手段、教育器材层出不穷，这也进一步拓展了学生的思维、视野；在教学过程中，如果能够科学利用新鲜的教育方法所起到的作用是非常显著的，但是不管创新理论怎样变化，有一点是不变的，即基本目标，其仍然要与教学大纲相贴合、以课程中心思想为参照。由此，要保证创新教育的顺利落实，与实际教学应用相结合是一种必然，这对于国家的可持续发展也是有利的。

（三）创新教育与传统教育的区别

通常来说，创新教育与传统教育有如下三个方面的不同。

1. 教育目标方面

创新教育的目标是培养具有创造性的学生，与传统教育相比，创新教育在教育目标方面与其有以下几方面的不同。

第一，虽然创新教育与传统教育一样也比较注重让学生积累更多的知识，但不同的是，创新教育更重视的是学生具有合理的知识结构。

第二，虽然创新教育与传统教育一样也比较注重培养学生各方面的能力，但更重视对学生创造能力的培养。

第三，创新教育相信人人都具有创造力，而且这种创造力是可以通过后天的教育而被开发出来的。

第四，创新教育认为应该根据学生的特点将他们培养成不同的人才。

2. 教学原则方面

与传统教育相比，创新教育在教学原则方面具有以下几个特点。

第一，创新教育倡导的是在教学过程中教师教给学生的不仅仅是告诉他们该怎么做，还要知道学生是怎么想的。

第二，创新教育要求教师在教学时应进行的是开放性的启发而不是封闭式的教育。

第三，创新教育要求教师在教学时所传授的不仅仅是知识，还要使学生通过不断学习获得创新性思维。

第四，创新教育要求教师不能简单地让学生去学会真理，还要让学生学会自己去发现真理。

第五，传统教育教学质量的提高依靠的是教师的教学知识和经验，而创新教育教学质量的提高依靠的是教师对教学所进行的科学研究。

第六，创新教育不是搞"题海战术"，而是要求学生在学习的过程中多想、多问、多发现问题，启发学生的好奇心，使其能够大胆质疑。

3. 评价学生方面

与传统教育评价相比，创新教育评价具有以下两方面的特点。

第一，创新教育评价学生学习的好坏，不仅仅要看学生对知识的掌握程度，还应看学生对所学知识的运用能力，即学生是否可以通过所学知识去分析和解决各种问题。

第二，创新教育评价需要具有创造性的评价管理，即评价的主体、评价的内容等都应具有创造性，因为创新教育只有在充满了创造性的环境中才能为国家培养创造型人才。

（四）创新教育的主要内容

创新教育的主要内容包括以下几方面。

1. 学习教育

学习教育的目的就是教会学生怎样有效地去捕捉知识，掌握学习的方法和技巧。灵感只会光顾那些有准备的头脑。所谓准备，也包括知识准备。但是由于知识总量在不断膨胀，过分强调基础知识，50岁也上不完学校。知识多的人，如果没有创造欲望，就无法创新，而有创造欲望的人知识少一点不怕，他会迅速地去捕捉知识。随着网络技术的不断发展，通过网络进行学习将成为最方便、最有效的学习途径。

2. 思维教育

思维教育的重点是加强培养学生的创造性思维，特别重视对学生想象能力、发散思维等的训练。我国传统的教育忽视了对学生想象能力及发散思维的训练，对学生具有一定的束缚作用，而思维教育就是要开启学生的好奇心，开发学生的创新思维。

创新能力的强弱首先取决于创新性思维能力的强弱，所以加强对学生创新性思维的教育、培养和训练是非常重要的。在思维教育的过程中，对学生的一些奇怪的想法应该多鼓励和赞扬，引导他们大胆想象，这样学生的欲望和好奇心才有可能被激发出来，也才有可能取得成功，具体来说，应该做到以下几方面。

第一，在教育教学的过程中，应该尽最大努力让学生参与进来，鼓励他们多动手、多动脑，不断探索。

第二，鼓励学生摆脱传统观念的束缚，可以一题多解，充分发挥其发散性思维。

第三，应尽可能地为学生提供条件，为其创造出可以自由创造的机会。

3. 人格教育

人格教育的目的是培养学生健全完整的人格。创新能力与人格有着非常密切的关系。从创新教育的角度来说，良好的人格作为人的创新能力发展的动力，塑造好的人格特征，对今后从事创新活动、取得事业的成功具有重要作用。人格健全的学生，其所思、所想和自己的行为能够统一起来，言行一致，他们积极进取，具有积极向上的世界观、人生观和价值观。他们心智健全，勇于面对困难和挑战，具有远大的理想和为之而努力的决心。人格教育应当特别注意帮助学生树立正确的人生观和价值观。应当让学生理解和亲身体会到，对发明创造者而言，工作便是一种无与伦比的享受。发明的目的不仅在于赢得名声和财富，重要的是展示人生的价值，是为社会和人类造福，这是一种最崇高的生活动机。

4. 发现教育

发现教育的目的是培养学生积极探索求知的精神，以及发现新事实、新规律、新问题、新需求、新机遇的能力。发现教育就是要培养学生强烈的好奇心、旺盛的求知欲和敏锐的洞察力，对任何问题都要问一个"为什么"，把探索科学的奥秘作为终身的追求，从观察到的大量事实中找出问题的关键所在。要通过发现教育让学生知道，世上还有许多事物的规律尚未被人们所认识，等待他们去观察、去探索和发现。

5. 发明教育

培养学生提出新设想、构造新事物的能力是发明教育的目的。发明教育要做到以下几方面。

第一，要通过大量发明事例的介绍，破除学生对发明的神秘感，相信自己有创造发明的能力。

第二，要教会学生掌握若干发明的技法，特别是缺点列举法、移植法、检核表法等。

第三，要创造条件，使学生在科技小发明、小制作实践活动中不断提高构思和动手的能力，鼓励学生参加各种形式的发明比赛。

第四，要教育学生善于利用前人的发明成果和发明方法做出自己的发明成果。

6. 兴趣教育

兴趣是人们对某种事物或者特定对象的一种喜爱，是人在探索某事或某物时所产生的一种乐趣。这种乐趣能够使人们全身心地投入，有时甚至可以达到忘我的程度，在这种乐趣中，人们可以得到极大的心理满足。兴趣是推动人们学习的动力，当人们对某一事物产生浓烈的兴趣时，就会注意力集中，想一探究竟，此时，人们最容易受到外界的教育。

7. 信息教育

信息教育也叫情报教育，是培养学生获取、整理、储存和运用信息的能力，教会学生充分利用报刊信息、网络信息、视频信息、专利信息和市场信息，进行信息的分析、加工和重组，为创造活动服务。现在老师和家长都很担心学生上网影响学习，互联网以独特的魅力吸引着广大青少年。如何引导学生正确上网十分重要，可以采取以下方法进行。

第一，努力规范网络行为，加强学生自控意识。

第二，规范教学行为，正确引导学生使用网络。

第三，经常推荐一些积极健康的网站。

第四，培养信息识别能力，提高学生网络学习的质量。

8. 艺术教育

艺术教育就是要培养人们对于美的认识和理解，培养其具有艺术的表现力和创造力。而这就要求必须要掌握一定的技能，经过一定的技术训练。事实证明，在创造活动中，科学会促进艺术，艺术也会促进科学。因此，卓越的科学家都有很强的艺术观念，艺术家也很重视科学。艺术教育十分有利于学生创造才能的发展。因此，学校应大力加强音乐、美术等课程的教育，组织多种艺术活动，激发学生的艺术想象力、表现力和创造力。不是艺术专业的学生，应有意识地多参加一些艺术讲座和丰富多彩的文艺活动，培养艺术素养，促进创造力的开发。

9. 个性教育

个性教育就是通过开展各种各样的活动，及时发现学生的智慧潜能和创造力并加以鼓励和培养，使学生的个性得到充分和谐、健康的发展。事实证明，各种不同类型的创新型人才，其知识结构是不同的。学生正处于成长阶段，教育工作者要懂得爱护、尊重和激发学生的主动性、积极性和独立性，把培养积极进取、各具特色的个性作为教育中的一项重要任务来抓。在保证基础知识教育的前提下，使学生的个性得到充分、自由的发展是培养创新型人才的最有效途径。

10. 未来教育

未来教育的目的是让学生树立面向未来的思想，了解人类社会未来的发展趋势，了解中华民族所面临的机遇和挑战，了解未来社会需要什么样的人才，使学生增强使命感和责任感，改变原有的思维方式，明确今后的前进方向，为创造美好的未来、为中华民族的全面复兴而努力学习。在未来的一二十年中，新技术、新材料、新能源将以更高的速度突飞猛进，我们的教育应该面向未来。如果学生只学习历史课，而不学习未来是不恰当的，应当对学生进行未来教育，树立远大的理想。

二、创新教育的理念

创新教育的理念包括以下内容。

（一）唤醒创新意识

创新意识是在一定的价值观的指导下表现出来的一种创新动机和欲望，它是一种积极的、富有成果性的表现形式，是人们进行创新活动的内在驱动力。创新意识是一种与时俱进的、勇于探索的精神状态，它可以体现在社会生活中的方方面面。一个具有创新意识的人，凡事都敢为人先，敢于探索和创新，总能在生活中发现机遇，他们往往不满足于现实，时刻准备着创新。明确创新意识更细致的内涵，保持求知欲、激发好奇心、培养和挖掘想象力、大胆质疑等，这些都是必不可少的方法。创新意识是现代人必备的素质，是创新活动的起点，没有创新意识，就不会有创新活动。

（二）训练创新思维

创新思维是指个体能够以超乎寻常的方式去解决问题的思维过程，通过这种思维，能够突破常规的思维模式，用超乎寻常的思维方式和方法去处理和解决问题，提出不同的意见和想法，从而产生具有创新意义的研究成果。一项创新成果的取得往往需要经过长期的探索和无数次的失败才能获得，而创新思维这种能力也同样是需要长期积累才能够得到的；训练创新思维还需要经过想象、推理、联想以及知觉等一系列过程，所以，培养学生的创新思维，一定要突破思维定式，拓展思维视野。

（三）完善创新人格

创新人格是指人们在后天的学习中逐渐形成的，在一系列的创新活动中逐渐积累和发展起来的，是优良的理想、信念、道德、意志、情绪等非智力素质的总和，是一个人能够长期持久地、坚韧不拔地从事创造性工作的内在动力，对促进创新成果的生成和创新人才的发展具有极大的促进作用。因为具有创新人格的人，通常具有远大的理想、坚定的信念、高尚的道德、坚强的意志、丰富的情感。因此，完善创新人格也是创新教育的重要内容之一。完善创新人格具有内在的规律和原则，具体表现在以下几方面。

第一，早期教育的原则，重视早期的智力开发，情感培养和意志训练。

第二，协同教育的原则，将学校教育，家庭教育，社会教育协同起来。

第三，自我教育和终生教育的原则，强调培养受教育者自尊、自爱以及使其形成乐观的生活态度。

（四）培养创新能力

创新能力是一种由各种能力组成的综合性能力，是指运用所学的各种知识和理论，在不同的领域中提供经济价值、社会价值等各种价值的一种能力。学校应该创造各种条件培养学生的创新能力，以使学生能够在日后走上工作岗位后具有一定的创新自己本职工作的能力，能够为企业带来效益，为社会做出贡献。我国明确提出，必须改革现有的课程设置和专业设置，以创新型人才的培养为目标，对课程体系、教学内容、教学手段等进行系统的整合与优化，开设综合性课程。

三、学校创新教育体系的构建

当前，学校应从观念、机制、模式、方法以及内容等各方面入手，加快基本建设，创新工作的思路，升华教学改革，加强教学管理，努力构建学校创新教育体系。

（一）创新观念

1. 要树立开放办学的大教育观

目前，学校教育被推到了经济和社会发展的第一线，推到了市场竞争与合作的最前沿，这就要求学校必须加强改革力度，树立开放办学的大教育观，只有这样，学校才能提升自己的生存空间，概括来说，开放办学的大教育观具有以下三方面的内涵。

（1）在发展思路和发展模式上。要努力学习和借鉴先进发展思路和模式，努力吸取最优质的资源，加大对社会以及世界的开放程度。

（2）人才培养模式上。要以学生为主体，制定具有较大自主性、选择性、创造性的开放学习制度。

（3）在人才培养目标上。要努力开拓学生的视野，培养具有市场意识、竞争意识和创新意识的新型人才。

2. 要思考创新学校培养目标

当前，各学校应根据自己的实际情况，实事求是，面向未来，制定既符合现实需求，又具有一定的高度和难度，但通过一定的努力能够实现的目标。学校要紧紧围绕学校培养类型和发展定位，正确把握好社会上对各种人才的需求，正确处理好人才供给与需求的关系，科学制定好适合自己学校发展的培养目标，以为社会提供高质量的人才。

（二）创新机制

1. 创新制度建设

加强学校的制度建设是学校教学顺利进行的前提，也是学校实现教学管理目标的根本保证。因此，学校应该根据社会和学生发展的各种需要，及时制定和调整好学生创新制度。

2. 创新学制和培养机制

创新学制和培养机制应做到以下几方面。

第一，建立弹性的管理制度。

第二，加大选修课的比重。

第三，积极探索学分制。

第四，鼓励学生跨学科和专业选课。

3. 创新内部管理体制

学校的内部管理体制直接关系到学校的声誉和地位，关系到学校培养人才的质量，因此，一定要创新学校内部管理体制，具体来说应做到以下几点。

第一，以理顺体制、活化机制和提高质量为目标，对基层组织教学建设进行创新。

第二，明确职责，推行二级管理，建立好上下贯通、左右协调的管理体制，保证教学质量。

4. 创新质量监控体系

学校教育的质量对学生和社会都具有重要影响，因此，学校必须创新质量监控体系，具体来说，应做到以下几方面。

第一，打破计划管理的传统模式，对课程教学质量体系进行创新。

第二，建立合理的激励和约束机制，加学生评价的权重。

第三，引进市场调节机制，自觉接受来自社会的各种监督。

第三节　创业教育课程体系建设

一、学生创业课程设置的指导思想

（一）充分落实教、管结合的育人思想

教师的主导性和学生的主体性这两者作为创业教学的两个方面，相辅相成、相互促进。因此，这就要求必须正确认识教师的主导性和学生的主体性，师生要密切合作才能共同推动学校创业教学的发展。创业教学一个非常重要的意义就在于将规则明确下来，对纪律提出严格要求，教导学生应该做什么，不该做什么；什么时候适合做什么事，这也是有序开展创业教学活动的基本保证。在创业课堂上，学生遵守纪律，学习知识，按规则允许的范围完成动作，这样都能增强个人的学习体验。这一种学习体验对于学生将来毕业走上社会也具有重要的意义。

（二）重视风气教育

风是学风、教风、校风，具体表现为校园舆论、价值观念、学生行为准则、道德规范等，这些都是由学校中的师生共同享有的。学校各学科的教学都在长期实践中形成了自身独特的"风气"，创业学科的教学同样如此，我们可以将学校创业"风气"理解为校园创业文化，其所具有的育人功能非常强大。创业教学中，对学生创业兴趣与创业参与积极性的培养非常重要，只有学生对创业感兴趣，才能在创业课上自觉配合，课后自觉参与创业活动，并在日常生活中关注创业相关内容，久而久之，形成良好的创业锻炼习惯，并通过锻炼达到强身健体、提高心理素质、增强意志品质的目的。

（三）重视示范教育

创业教师本身就是学生的审美对象，他们的一言一行都有可能被学生所模仿，对学生具有潜移默化的影响，所以，创业教师一定要注意自己的一言一行，要给予学生必要的引导，为学生做好示范。

(四) 遵循一定取向

1. 忠实取向

创业课程的实施过程其实就是将已经制订好的创业课程方案予以执行的过程, 这个过程中必须做到忠实, 忠实地执行方案, 能够使课程的实施有条不紊地进行, 减少出差错的概率, 也能避免遇到问题后手忙脚乱, 无法应对与处理。从创业课程实施的这一取向来看, 创业课程能否成功实施, 要看创业课程方案的实现程度如何, 如果实现程度高, 那么成功实施的可能性大, 而如果实现程度低, 那么就会影响课程的顺利实施。我们强调忠实地执行课程方案, 并不是说一定要按部就班, 在具体实施过程中还是要根据实际情况灵活调整的, 必要时要进行一些改革与创新, 从而达到比预期更好的效果。

2. 相互适应取向

在创业课程方案的实施过程中, 实施主体要与实施情境建立相互适应的关系, 以学校或教学对象的实际情况为依据调整课程方案中的因素, 使之与学校情境相适应。除此之外, 还要改善教学情境来适应创业课程方案, 从而创建良好的教学情境, 促进创业课程计划的顺利实施, 实现预期的教学目标。

3. 创生取向

在一定的教学情境中, 创业教师与学生共同参与创业课程的实施, 并在这个过程中共同缔造有价值、有意义的教学经验。师生缔造经验需要在一定的材料基础上进行"再造", 这个材料就是创业课程方案或创业课程计划。创业教师与学生按照已经制订好的课程计划开展教学活动, 实现教学目标, 在整个过程中不仅学生能有所收获和进步, 创业课程体系本身也会渐渐完善。创业课程方案是非常重要的教学资源, 这是创业课程顺利实施的重要基础。

二、学生创业课程设置的要素分析

(一) 课程设计特征

1. 根据学生发展的需求和身心特征确定课程目标

创业课程根据创业与健康课程的学习目标和内容性质, 设置了运动参与、运动技能、身体健康、心理健康与社会适应四个方面的学习目标, 然后再根据不同年龄学生的身心发展特征、由低到高的发展顺序，将基础教育阶段的 12 个年级划分为水平一至水平五，并在此基础上设置了发展性的水平六，在每个水平上设立了更加明确和具体的水平目标。学校和创业教师根据教学的需要，在设置学年目标、学期目标、单元目标、课时目标时，通过替代、拆解、整合的方式，一步步将目标细化，最终将课程目标落实到每一节课中，从而实现"以学生发展为中心"的理念。

2. 根据课程目标、学生兴趣以及课程资源选择教学内容

在"目标引领内容"的理念下，创业教师在选择教学内容时，有了更大的空间和自由，特别是那些经济发展水平较低、学校创业环境较差和教学设施建设落后的学校中的教师，可以结合当地特色，研究在现有条件下如何达到课程目标、如何激发学生的学习兴趣，如何利用和开发现有教学资源来达到教学目的，开展丰富多彩的创业课程教学。

（二）课程教学方式

1. 强调自主学习

创业课程强调的自主学习更多注重的是学习的主体性，强调的是学生自觉、主动地参与学习活动，获得持续的学习动力，形成良好的学习态度，获得较强的学习能力。在现代创业课程教学中，创业教师越来越注重给学生的自主学习提供机会，创造良好的学习环境，提供充足的时间和自由的空间。比如，教师会引导学生尝试不同的力量练习方式，用不同的器械锻炼肌肉力量，从而达到增强力量素质的目标。此外，创业教师关注学生自主学习还体现在课堂教学结束后教师引导学生评价自己的学习成果，引导学生之间相互评价。

2. 鼓励探究学习

探究学习方式有助于对学生的判断能力、分析能力及质疑精神进行培养，也能促进学生探索意识与创新意识的增强。主动性的探究学习方式与被动性的接受学习方式相比，其体验性更强，实践性更鲜明，对学生实践创新能力的培养具有重要作用。

3. 注重合作学习

对学生来说，合作学习是激发灵感、增加学习收益、加深学习体验的有效方式。随着创业课程教学的不断发展，合作学习方式越来越受创业教师和学生的青睐。需要说明的是，合作学习不等于分组学习，将学生划分成若干学习小组的方式是可以培养学生的沟通合作能力，但这并不是合作学习的全部，只是其中的一种形式而已，除此之外，组建学生队伍参加比赛也是锻炼学生合作学习能力的一种重要形式与途径。

（三）课程教学主体

1. 挖掘与培养学生潜能

每个学生都有自身的个性特点和潜能，通过一定的手段的利用，学生的潜能就能被挖掘与开发出来，创业教师要坚信这一点。学生的众多潜能中包含创新潜能，这是一个非常重要的潜在能力；挖掘与培养学生的创新潜能，有助于对创新型人才的大力培养。教师要相信，潜能的大小与学生的成绩没有必然的联系，不仅成绩好的学生有创造潜能，成绩差的学生也有，只是有待挖掘，所以对教师来说，要在平时的教学中注意挖掘与培养学生的潜能，这是一项非常重要的工作内容。

2. 培养学生的创造意识与能力

学生的创新素质能够通过丰富的教育内容和多元化的教育手段得到培养与提升，教育的这一功能与作用非常重要，教师要在正确认识这一功能的基础上想方设法将这一功能发挥到最大程度，促进学生创造意识与创造能力的提升。

3. 培养学生的创新思维能力

由于学生的个性都是不同的，自身综合素质也存在着一定的差异。因此教师在对待所有的学生时，就要求其能够了解与尊重学生的不同个性，针对不同的学生有针对性地进行教育，将统一要求与弹性要求结合起来。

4. 善于运用启发教学法培养学生自己动手解决问题的能力

创新教育的主体是学生，教师要在平时注意提升自己的创新能力，这样才能对学生的创造性进行积极的培养。学生在自主学习的过程中往往更容易开动脑筋，拓展思维，所以教师要打破教师主动教与学生被动学的传统课堂模式，留出一定的时间让学生自主学习、合作学习、探索学习，使学生将其主观能动性和潜在的能力发挥出来。教师可在课堂上创设一些问题情境，启发学生主动思考问题，积极寻求解决问题的办法，久而久之就能有效提高学生自己动手解决问题的能力。

（四）课程师资建设

目前，很多学校在创业课程的师资建设方面存在问题，如定位不明确，师资比较匮乏或者是师资队伍实践经验较少等。由于创业课程具有跨学科和实践性比较强的特点，所以该课程的师资队伍应该具有较高的水平，不仅要掌握较专业的理论知识，同时还要具有实践经验。所以，很多学校都倾向于聘请社会上的一些成功的、有创业经验的专业人士或者企业家，这已经成为目前学校开展创业教育师资建设的一个大趋势。

(五) 课程设置管理

1. 国家教育部门进行宏观管理

关于创业课程实施的一些细节问题，我国教育主管部门在课程标准中不再作详细规定，课程标准作为一个教育文件主要发挥宏观指导作用。创业与健康课程的性质、多层次教学目标、内容还是由国家教育部门规定的，但没有具体规定如何展开教学、如何评价、如何编写教材及开发利用教学资源，在这些方面只是提出了一些可行性较强的建议，从宏观上给予指引，从而使地方创业课程教学更有原则性、方向性，可见国家教育部门为地方创业课程教学提供了较为自由的自主发挥空间。

2. 地方教育部门制定地方性课程实施方案

我国各地的经济发展水平、文化发展水平、生活方式习惯都有一定的差异，因此创业课程的实施必须灵活，适应不同地方的社会发展水平，满足各地学生的不同需求。对于国家在宏观层面上制定的课程标准，各地都要积极落实，并以宏观的标准为依据，将此与本地客观实际联系起来，制订与实施适应本地发展实际的创业课程教学方案。地方教育部门制订的创业课程实施方案将国家制定的宏观层面的课程标准与学校制订的创业课程教学方案连接起来，其作为桥梁发挥着重要的中介作用。地方性的课程实施方案也是学校落实课程标准的保证，它不仅传达国家课程标准精神，还监督管理本地学校课程实施，并科学指导本地各校对创业教学计划的制订。为了将课程标准精神更好地贯彻下去，各地教育部门积极组织教育工作者学习课程标准的精神，使教育者能够将课程标准与本地教学条件结合起来着手学校创业课程教学的具体实施工作。

3. 学校制订本校创业课程实施计划

学校在对本校创业课程实施计划进行设计时，要对本校学生的健康需要、学校的教学环境与条件、师资队伍的实力等因素予以综合考虑，学校创业课程实施计划应包括以下内容。

第一，创业课程实施的目标，包括本校不同年级的不同水平目标和具体学习目标。

第二，创业课程教学内容。

第三，创业课程实施的策略。

第四，不同教学内容的课时安排。

第五，创业课程教学方法的运用。

第六，创业课程实施效果的评价，包括学生体质健康评价、创业知识水平评价创业技能水平评价等。

学校制订本校创业课程实施计划要与本校实际相结合，计划内容要包括以上内容，学校创业工作者要完成课程实施计划的制订任务还是有一些挑战的，因为很多创业教师都习惯按照上级制定的创业教学大纲安排教学工作，在教学安排上有一套固定的习以为常的模式，而现在要对课程内容、教学方法、评价方式及教学时数进行自主选择与安排，并且还要以本校学生的实际情况和本校教学条件为依据来进行，这是有一定难度的。

创业教师要将自身的主观能动性充分发挥出来，敢于打破固有教学模式，勇于探索新的教学方案，如此才能做好创业课程实施工作。对此，国家和地方都要重视培训创业教师，使其能够在国家课程标准和地方课程实施方案的指导下有目的地完成学校创业课程实施计划的制订工作，最终实现创业课程教学目标。

三、学生创业教育课程体系建设的原则

学生创业课程体系建设应遵循以下三个原则。

（一）理论课程与实践课程相结合的原则

理想的创新教育课程应该是理论课程与实践课程相结合的，甚至实践课程所占的比例更高。蒂蒙斯认为，创业教育的理论课程与实践课程都具有明显的侧重方向，创业教育的理论课程侧重的是对理论知识的教育，而实践课程的侧重点则是对学生创业能力的培养，比较重视实践方面的能力，可以通过创业实习、创业竞赛、情景模拟等方式使学生获得创业方面的各种经验，从而为以后的创新奠定基础。创业人才的培养不仅要求学生掌握一定的创业理论知识，还要求其具有一定的实践经验，只有理论与实践相结合，才能使学生在获得理论知识的同时提高自己的实践能力，从而达到培养创业人才的目标。因此，学生的创业教育一定要坚持理论与实践相结合的原则。

（二）创业课程与专业课程相融合的原则

在设置学生创业课程体系时，要考虑将创业课程融入学生平时所学的专业课程之中，另外，要开设学生创业通识教育课程，尽可能地扩大学生创业课程的普及面。学院还应该对学生学习创业课程的方式加以明确规定，将创业教育课程设为必修课或者选修课，并且

要保证拥有良好的师资和充足的教学时间，将创业教育课程纳入学分制体系，让学生在修满一定的课时时可以获得相应的学分。

（三）跨学科专业开设交叉课程的原则

创业教育课程是一门涵盖社会学、经济学、心理学、管理学等多种学科的综合理论课程，单纯开设某一学科的创业教育课程并不能达到创业教育的人才培养目标。因此，各学校应该整合创业资源，在开设学校创业教育课程时准许不同学院、不同专业的学生跨学科学习相关知识，以加深学生对创业教育的理解程度，同时也能使其全方位掌握各方面的知识。总之，学校的创业教育一定要遵循跨学科专业开设交叉课程的原则。

四、学生创业教育课程体系建设的目标

正确定位学生创业教育课程体系建设的目标是设定教学内容和选择教学方法的前提条件，目标定位是否合理对学生创业教育的成功与否具有重要影响。概括来说，在设定学生创业教育课程体系建设目标时应做到以下几方面。

学生创业教育课程体系建设的共性目标是开展全校性的课程，培养学生以创业精神和创业素质等为核心的创业基本素质。具体来说，创业教育就是一种针对学生进行的旨在通过学校创业教育课程，掌握最基本的创业知识，积累一定的实践经验的创业基本素质教育。学校开展创业教育的目的就是使学生掌握一定的创业能力，从而以后能够成为一个具有良好的创业竞争力和发展潜力的人。

学生创业教育课程体系建设的个性目标是对一些具有强烈的创业欲望和创业才华的学生进行重点培养，使他们在学校期间能够掌握更多的创业知识，获得更多的创业实践经验，创业方面的综合能力得到提高。创业教育的最终目的是希望理论能够付诸实践，而在具体的创业活动中，创业者的创业知识、创业意识、创业心理素质以及创业实践能力直接影响着创业的活动方式和效果。因此，对于不同的学生，学校一定要加以区别，分类施教，注重引导，要善于发现那些具有创业才华和创业实力的学生，对于这类学生一定要在对其灌输理论知识的同时注重对他们进行创业实践方面的教育，并尽可能地为他们提供创业所需要的资金、场地以及技术等方面的支持，为其创业活动的顺利开展和后续的一些发展提供更多的支持。

总之，学校在设定学生创业教育课程体系建设目标时，一定要将共性目标与个性目标相结合，在保证学生掌握了创业基础知识之后，应尽可能地为其提供创业实践方面的

支持。

五、学生创业教育课程体系的实施

(一) 转变教育理念

1. 转变家庭教育观念

家庭是孩子的第一所学校，家庭对孩子的影响是终身的，尤其是在心理素质方面的影响，家庭教育对孩子能够形成良好的心态和具有乐观向上的精神都具有重要的作用，因此，家长一定要起到模范的作用，要关心孩子的成长，多陪伴孩子，及时与孩子沟通。总之，家长一定要转变家庭教育观念，具体来说应做到以下几点。

(1) 家长应尊重孩子的选择

家长应该转变自己的观念，多鼓励孩子参加一些社会实践，如果条件允许，而且孩子也有足够的能力，就可以鼓励孩子积累一些创业方面的知识和经验，为今后的创业做准备。另外，家长还要注重培养孩子的思维能力、办事能力以及解决问题的能力，注意不要挫伤孩子的积极性，更不能伤害他们的自尊心，对于孩子所遇到的一些困难，要鼓励他们自己想办法去解决，培养他们良好的抗压能力和解决问题的能力。

(2) 家长和学校要加强沟通

只有在对孩子有充分的了解的前提下才能更好地教育孩子，对于这一点，家长和学校一定要注意配合。家长对于自己孩子的一些习惯及优缺点能够了解得更多一点，而学校则会对学生所学的知识掌握程度以及能力水平了解得更多一些，只有家长和学校进行更多沟通，才能更加有目的和主动地对学生进行指导教育，也就能为学生以后的创业打下坚实的基础。

(3) 条件成熟的学校可以组织家长相互交流

一些条件比较成熟的学校可以多组织家长进行交流，使家长对创业教育有一个全面的了解，也能够使一些思想比较保守的家长转变对学生创业的一些偏见，从而对支持学生创业具有积极的作用。

2. 转变学校教育观念

学校的教育模式要与社会接轨，而实际上，目前我国学校的教育模式还存在一些与社会发展相脱节的现象，因此，学校一定要转变教育观念，以创业素质教育为核心，不断提高学生的各项素质教育。学校不应仅仅让学习掌握基本知识，还应让学生掌握一些创新思维和能力，要教育学生树立良好的择业观念，努力将与所学专业相对口的就业观念转变为积极创业的动态观念，让学生明白毕业之后不一定只有就业这一条路走，还可以自己去创业，创业不仅能够让自己有事可做，还可以为更多的人提供就业岗位。另外，学校还应该对传统的人才培养模式进行改革，改变观念，大胆创新，以培养社会所需要的综合人才为宗旨。目前，就业趋势比较严峻，在如此严峻的形势下，提高学生的创新创业能力势在必行，因此，一定要深化学校人才培养模式的改革。

（二）提高学校重视程度

1.实施创业教育教学机制

（1）改变教学观念

创业教育的目的在于在传授给学生知识的同时能够培养学生其他方面的能力，诸如养成刻苦钻研以及终身学习的习惯等，要让学生掌握科学的学习方法和技巧，使其能够主动学习，坚持学习，从不断的学习过程中学会创造，培养其主动探索的精神。

（2）改变管理模式

学校要根据社会发展的实际需要，与时俱进地制定出适合学生发展的开放式的教学管理模式，从而真正做到以人为本，可以将一部分的管理工作交给学生，让全体教师和学生都参与到教学管理中来，这样，每个人才能将管理作为自己的事情来看待，对于学生的发展和学校的建设都具有积极的促进作用。

（3）改变教学评价

对教学的评价，不仅要考虑学生的学业成绩，还要考虑其社会实践情况。鉴于此，创业教育对学校的教学评价提出了新的要求，学校应该根据社会的实际要求制定培养计划，调整专业结构，从教学课程和教学模式等方面进行改革，以提高学生的社会适应能力，提高其竞争力。

2.打造创业教育专业化师资

创业教育专家体系涵盖了工程技术、成功创业、经济管理、政府部门、风险投资几个领域，创业教育应加强这几个方面专家队伍的建设。

（1）工程技术类

作为工程技术类的专家，不仅要掌握好本学科的基础知识，同时也应广泛涉猎其他领域的知识和信息，学校可以聘请该技术类的专家作为客座教授，为学生讲解相关领域的知识，使学生能够在校期间掌握更多的知识和技能。

（2）成功创业类

在进行创业教育的过程中，一些成功的企业家的讲授往往比较受学生欢迎，这是因为这部分企业家本身在创业过程中取得了较大的成功，对学生进行创业教育比较具有说服力。另外，成功的企业家在对学生进行教育的过程中所提到的一些自己在创业过程中所遇到的困难和积极处理的办法，也同样具有较大的影响力，对培养学生的创新精神和创业心理素质具有重要作用。

（3）经济管理类

经济管理类的专家比较了解市场，对市场的动态变化比较敏感，对现代经济发展的运行轨迹也比较熟悉，因此，此类专家可以以顾问的身份参与到学校创业教育的建设体系中，用他们所具有的渊博知识教育和引导学生，为其传道解惑，增强学生的市场敏感度和对经济政策的领悟力，为学生将来更好地适应市场的变化奠定坚实的基础。

（4）政府部门类

政府部门是市场运作的决策者，其在市场经济的发展变化中起着引导和监督的作用。学校在对学生进行创业教育的过程中，可以聘请一些政府部门的人员来指导学生创业，这样做既能够为学校的创业教育提供政策性的保障，又能够使学校更好地把控好宏观调控的方向，从而为学生创业提供更好的支持。

（5）风险投资类

风险投资家的经历对于学生学习创业知识和技能具有重要作用，他们可以告诉学生，无论做什么事情都会有风险，让学生们一定要具备良好的心理素质，并且要有面对各种困难和解决困难的能力，只有这样才有可能取得创业的成功。

（三）提升社会认识水平

1. 培育浓厚的校园创业文化

校园创业文化是师生敢于开创事业的重要意识形态，是社会存在的一种反映。校园创业文化氛围的营造需要师生共同的努力，学校可以通过举办相关的论坛、讲座以及创业竞赛等，鼓励师生参与其中，努力培养学生的创业意识和能力。学生的创业能力是需要从实践中锻炼的，所以，学校应尽可能地为学生提供条件，让学生参与到创业的实践中去，从中获得宝贵的创业经验。学校具有得天独厚的创业市场和环境，学生熟悉学校，对学校的创业资源也比较了解。明确学校的课程设置，有利于培养学生的创业素质。学校应为学生提供自由开放的校内创业市场，让学生可以充分利用学校的资源进行创业锻炼。对于学生资金短缺的情况，学校也可以设立一笔专项资金，并成立风险管理组织，为学生提供支持。对于学生的一些创业项目，学校也可以聘请相关专家进行评审，选出一些比较切实可行的创业项目，并对其进行适当调控，以保证风险资金的顺利回收和循环使用。另外，学校还应该利用各种现代化的资源，为学生收集一些可以利用的创业信息，帮助学生了解国家政策和创业形式，以保证学生创业的成功。

2. 营造良好的社会创业氛围

学校要积极营造一个良好的创业文化氛围，从精神和舆论上让学生接受创业教育，实现资源的优化配置，让一些成功的创业者参与学校文化氛围的建设中，让学生从这些成功者身上受到启发，从而努力学习创业知识，提高自己的创业能力。另外，学校还应重视学校创业教育师资队伍的建设，无论是在经费方面还是在培训方面都应给予倾斜，充分提高创业教育教师的素质，提升他们的教育热情和积极性，从而形成浓郁的创业教育氛围。

在家庭教育方面，家长要转变教育观念，对学生出现的一些创业思想要抱有肯定的态度，要鼓励他们，在他们遇到困难时要鼓励其积极面对，想各种办法应对困难与挑战。

政府也要调动一切力量支持学校开展创业教育，对于学生的创业活动也要尽可能地提供支持。

社会中的一些企业可以与学校建立稳定的长期合作关系，以为学生创业提供人力、智力及场地方面的支持。

3. 建立和完善创业组织机构

目前，我国学校中普遍存在缺乏创业组织机构的情况，因此，各级学校应该统一思想，建立和完善创业组织机构，保证创业中的各项工作都能落实到位，并能够为其提供各项指导。此外，学校还应设立创业教育的考核机构，分阶段地对创业教育效果进行考核，发现问题及时给予指导。

（四）优化创新创业环境

1. 加大政府对学校创业的支持力度

为了避免学校中的创业教育存在形式化的问题，政府应该出台相关政策对其进行维护。根据学校的实际情况，同时也为了满足市场的需要，政府已经出台了相关政策，这对优化学生的创业环境具有重要作用。另外，各地的政府也根据当地的实际情况出台了相关政策，这些政策的目的都是为了保证学生能够更好地接受创业教育，并且能够将创业更好地付诸实践。

2. 发挥创业教育中介优势

创业教育中介是一个由西方高等教育中介组织产生的概念，至今已经有百年的历史了。创业教育中介组织的存在对于政府、学校和社会而言起到的是一个桥梁的作用。目前，创业教育中介的作用越来越重要，这些创业教育中介既可以对学生的创业项目进行评估，还能够对学生创业者进行培训，更为重要的是，还可以提供非常重要的创业信息，对学生创业具有重要的引导作用。同时，它也可以为学校及时提供各种有用的信息，这些信息有助于学校及时发现问题和解决问题，也有利于学校的长远发展。另外，创业教育中介组织还可以为政府与社会公众提供信息服务，加强他们彼此之间的沟通与合作。创业教育中介组织还能对学校实施创业教育进行客观公正的评估，对更好地监督学校创业教育的实施具有积极意义。

3. 强化校企合作

创业教育的最终目的是将理论付诸实践，而企业恰恰能够为学生提供创业实践的机会，同时也能够为学生创业在资金方面提供相应的支持。因此，加强校企合作具有重要作用。目前，很多学校为了能够为学生提供更多的实习机会，非常重视与企业的合作，而一些企业为了增加自己的知名度和积累一些人才，也非常乐于与学校合作。无论对于企业来说，还是对于学校来说，校企合作都是一条共赢之路。

第二章 教育理论与教学管理

第一节 教育的意义与方法

一、学校教育的意义与任务

（一）学校教育是经济社会发展和科技进步的需要

我国生产力水平迈上了一个新台阶。发展质量和随着高新技术的迅猛发展，我国的产业结构调整和技术结构升级将进入一个新的阶段，这一切必将要求劳动力和专门人才结构随之做出调整。

与此同时，经济结构的调整和科技的进步使得社会职业岗位的总体结构发生变化。高新技术的广泛应用，产生了许多与高新技术有关的职业岗位；第三产业的蓬勃发展，使社会职业岗位分布出现了新格局，产生了一系列新的职业岗位；原有的职业岗位出现了既有分化又有复合的现象。社会职业岗位除分化外，还出现了不少智能结构呈复合特征的职业岗位。这种复合有两种类型：第一类是技术与技术的复合，如机械与电气的复合产生机电一体化的岗位；第二类是技术与技能的复合，如加工中心编程、操作、维修等岗位。这些岗位中，学校教学管理技术知识与操作技能已成为不可分割的整体，因而形成了独立的智能型职业岗位。无论是由于高新技术发展所产生的岗位，还是由于第三产业兴起而增加的岗位，它们的技术含量和智能水平都比较高。

职业岗位在技术水平上的分化，既是岗位技术幅度的加大，又是岗位技术层次的延伸。职业岗位的复合也经常会导致岗位技术成分的提升和劳动内涵的丰富，这一切必定会促使职业技术教育层次的提高，出现教育由中等层次向高等层次上移的发展趋势，进而产生培养高级技术型人才的技术教育。

随着经济的发展和科学技术在生产中的广泛应用，随着生产和管理中科技含量的提高，生产、建设、管理、服务一线的高等技术应用型人才将成为科学技术转化为现实的生产力、全面提高经济效益和产业结构调整的生力军；而科技进步和国际竞争的压力迫使企业对毕业生的个人素质与职业能力提出了更严格的录用标准。一些单位已认识到科技强企的重要性，对选聘人员的知识、能力、素质结构进行综合评价，它们从客观上要求我国要注重发展技术教育，为社会经济发展和科技进步提供必要的技术劳动力支撑，为科技向生产力转化提供条件。

（二）学校教育结构改革的需要

我国学校教育取得了举世公认的成就，为经济建设培养了大批专业人才，但同时也暴露出一些与经济发展和社会需求不相适应，无法满足公民自身全面发展的要求等问题。我国学校教育进行了结构调整，加快了教学领域的改革，积极探索培养应用型人才的办学模式，取得了明显的改革成果，为我国技术教育的发展带来了新的生机。

技术教育是现代学校教育结构中的重要组成部分，它的出现是我国学校教育结构调整的结果，是造就一大批高层次技术应用型人才的重大举措，也是科教兴国战略的重要组成部分。

（三）学校教育是我国未来人口结构变化的要求

将沉重的人口负担转化为强大的人力资源优势是我国实现现代化的必由之路。另外，九年义务教育的普及，公众自身对接受更高层次的教育也提出了新的要求。发展技术教育是适应学校教育大众化的重要举措，是提高国民素质、增强国际竞争力的根本出路，是我国学校教育适应未来人口结构变化做出的必然选择。学校教学管理的基本内容，一般包括教学计划管理、教学运行管理、教学质量管理、教师队伍管理、实验室、实训基地和教材等教学基本建设管理。

综上所述，学校教育的教学管理可以归纳为：按照学校教育的客观规律和特点，依据学校教育的人才培养目标要求，对学校教学活动进行有计划的组织、安排、控制、监督而全面实施的过程。

（四）教学管理的总任务

学校教学管理的总任务是根据国家的教育方针、办校原则和有关政策，按照培养目标的要求，充分利用学校的人力、物力、财力及环境等条件，进行计划、组织实施、监督检查、指挥协调、控制质量，培养高质量的合格人才。换言之，教学管理的总任务是在教学过程中努力建立稳定的教学秩序和科学的管理制度，保证培养目标的实现。这是教学管理活动的出发点，也是一切教学管理活动所要达到的预期目的。教学管理系统的一切工作，必须围绕它来进行，并为完成这个总任务服务。

1. 制订学校的教学工作规划

制订学校的教学工作规划应包括明确的指导思想和奋斗目标，提出实现目标的措施和程序。一个学校必须有自己的奋斗目标（长期或短期），才能使学校的教学工作有一定的依据，并对师生起着组织、鼓舞、动员和激励作用。确定教学工作的奋斗目标，主要是确定学校的发展规模和速度，以及培养人才的数量和质量。

（1）调查需求

调查需求就是要调查分析市场经济和社会发展的需要。我国现有人才短缺和供求矛盾的状况，我国现有生产力发展和财政上可能提供的教育投资，学校的校舍、仪器设备、图书资料、师资力量可能达到的程度等都是需要调查分析的内容。只有胸怀全局，才能做好教学发展规划。

（2）预测趋势

预测科学技术和经济建设发展的趋势。由于人才培养周期长，要考虑当前和未来社会生产结构、各行各业、各门学科的发展趋势，来确定培养什么样的人才，需办什么新专业，如何改造和调整现有专业，确定什么样的科研方向，教师从哪个方向培养和提高等。

（3）借鉴经验

要借鉴教育和教学上的经验，主要了解和掌握高等学校教学规律和教育发展的历史进程，使规划符合客观的规律性。

（4）实事求是

拟订教学发展规划和确定奋斗目标，一定要从本校的实际出发，遵循改革、发展、稳定的原则，既要看到社会经济发展对人才的需要，采取积极发展的态度，尽量促进教育事业的发展，又要看到需要与可能的矛盾，从实际出发确定发展规模和速度，强化办学的必要条件和基本条件，保证教育质量的提高。确定教学目标和制订规划过程的可行性。

确定教学工作目标和制订规划是一项决策性工作，需要制订各种方案进行比较和优化，选择最佳方案，并编制执行计划，在执行过程中通过反馈情况不断地加以调整和修改，使教育目标和事业发展规模更加切合实际。

2. 建立科学的管理系统

建立一个科学的管理系统，把学校的人力、物力、财力、时间、空间合理地组织起来，保证教学的稳定、信息的畅通无阻、工作效率的提高，并协调教学与科研、产业、后勤等各部门及各部门各环节的相互配合和衔接。在管理系统中，必须明确各工作岗位的职责和各级教学管理人员的相互关系，做到职责分明，既有明确分工，又有各岗位之间的密切配合，以保证执行计划的顺利实施。

3. 正确管理教学管理人员

教学管理的一个重要职能就是正确选择、考核、培养、提拔教学管理人员，保证人尽其才，把适当的人员安排在合适的岗位上，使其发挥聪明才智。管理人员素质的提高和智力的开发是提高办事效率的重要途径之一，而教学管理人员长期在教学管理第一线，政策性与原则性要求很高，工作十分繁重，故而必须制定选拔、使用与考核制度，采取有效措施对全体人员进行培训，提高他们的思想水平和工作能力，发现人才和培养人才，把德才兼备的人员推荐到领导岗位，这是一项对搞好教学管理的具有战略意义的工作。

4. 对管理工作实施检查和指导

要实现教学管理的目标，实施各项管理任务，教学管理人员必须善于将教育法令、法规变成师生的教学行动，善于同教师建立良好的人际关系，取得他们的信任，倾听他们的意见，充分调动教师和学生的积极性，在民主管理的基础上集中进行，运用自己的威信和权力，及时地提出工作方针和计划，指导他们的工作方法，检查他们开展工作的效果。教学工作不仅要有理论号令，还必须做具体指导，只有布置而无具体的指导和严格的监督、检查，则无法搞好管理工作。

5. 管理工作要形成信息反馈和控制过程

要按信息和控制论的观点，把教学工作的目标确定为标准行动。信息反馈就是通过实际行动达到实际目标，作为信息系统的输出，反馈回来与原来规定的总目标和总标准进行比较，及时地发现偏差，加以调整和纠正，调节管理过程，进而进行有效管理。为了有效地进行控制，必须建立信息反馈制度，保证信息的畅通。这里所谓的信息主要指两方面：一是数据、指标、报表总结、决议、规定等；二是各类人员的教学思想状况、工作态度和相互关系等。衡量一个管理信息系统是否健全的重要标志之一就是它的外部信息和内部信息的传递是否准确和迅速。信息失真就会使领导的决策失误。信息反馈控制是现代管理中非常重要的手段，没有畅通无阻的信息反馈，也就无法对教学的各项活动进行有效控制，教学管理就会变为一句空话，其教学目标也就无法实现。

6. 管理工作就是协调和服务

管理就是指挥，而指挥就是协调，协调就是服务。教学管理就是要指挥和协调各院系、各部门的教学工作，为师生服务，调动师生教学与学习的积极性和主动性，把他们的行动统一到教学工作的总目标上来，为提高教学质量而努力。

7. 管理工作必须不断改革创新

随着教学改革的不断深化，创新越来越成为教学管理的一项重要职能，如果教学管理工作只限于继续做那些过去已经做过的事情，墨守成规，不去改革创新，这将是危险的。显然，从本质上来说，学校的教学管理不是适应性的工作，而是创新性的工作。

教学管理还有其他一些职能，但主要的就是上述几项，这几项中最主要的有两项，即决策和用人。教学管理的决策是战略问题，是全局问题，如果决策错了，具体工作管理再好，教学质量和教学水平也谈不上提高，所以有的管理学派认为管理就是决策。教学管理的用人是战术问题，即使决策正确，如果用人不当或管理人员配备不当，任务也是不能完成的，也就无法实现总目标。在现代化管理中，人仍然是决定性因素，所以有的管理学派把管理定义为对人而不是对物的管理。

教学管理的总任务是从全局高度制定的，它具有全局性和整体性。要完成这个总任务，还必须确定教学管理的具体任务，通过完成这些具体任务来完成教学管理的总任务。

（五）教学管理的具体任务

及时学习和了解当今世界新技术革命的发展趋势和国家经济建设的新形势，掌握社会对学校培养人才的需求特点，从学校的实际情况出发，吸取国内外教育的先进经验，认真研究专业设置、教学计划、课程体系、教学大纲、教学方法等诸方面的现状、存在的问题和改进调整的最佳方案，勇于创新，大力加强和深化教学改革。

从教学过程的实际出发，分析教学过程中的各个环节和指导思想是否符合教学规律和教育目标的要求，发现问题，及时采取有效措施，进行正确的引导和必要的纠正，帮助教学人员树立正确的教学观点。学校教学管理人员要经常深入教学实际，研究和掌握教学过程中的具体情况和问题，把握教师的教学思想，看其是否符合国家的教育方针，是否符合学校教育培养目标，在日常教学活动中，教学管理人员要坚持学校教育教学工作管理的原则，正确处理理论与实际、教学与生产、科研等方面的关系，努力把学校办好。

根据教学规律、教学大纲、教学计划、上级要求及学校的实际情况，建立健全教学工作的各项规章制度，制订各项教学工作的具体计划并认真贯彻落实，从而稳定教学秩序，优化教学环境，保证教学任务的完成和教学效果的提高。要建立与维护良好的教学秩序，教学管理人员必须遵循各项教学工作管理原则，按照一定的程序，运用一定的管理手段，对教学工作统筹计划，适当安排，使理论教学、实践教学以及各种教学活动有层次、有计划、有步骤地协调进行。在管理过程中坚持执行各种岗位责任制，以保持教学工作各个环节的相互衔接和正常运转。任何学校及教师不得任意停课或抽调学生从事教学以外的活动，任何教师也不得随意修改经学校批准的教学计划和任意停授某些章节或课题，这是维护学校正常教学秩序的必要条件。维护学校的正常教学秩序，教学管理人员必须加强科学管理，建立健全各项教学管理制度，本着"赏罚分明，为治之要"的精神，对"教"和"学"两方面进行严格考核，有奖有罚，促使教学工作不断向前发展。

充分调动教、学双方的积极性，发挥教师的主导作用，增强学生的学习自觉性和主动性。运用科学的质量管理理论、方法和手段，研究制定教学质量标准和教学质量评估办法，依据教学质量标准，对教学工作进行科学的、严格的质量检查和有效的质量控制，确保教学质量的提高和教育目标的实现。对教学工作经常进行监督检查，对教师执行教学计划、完成教学大纲的情况以及备课、上课、批改作业、辅导、考试等情况，通过听课、检查教案和作业以及召开各种形式的座谈会等手段，及时了解情况，获得信息，采取必要的措施，使教学质量不断提高。同时对学生的学习态度、课堂秩序、学习方法和效果进行及时检查，通过检查不断地调动教师和学生的积极性，保证培养目标的实现。

做好图书资料、科技信息、教学档案、仪器设备、实验与实训场所的管理工作。

通过各种途径和方法，定期了解毕业学生和用人单位对学校培养人才的意见和建议，认真分析研究，听取正确意见，作为改进教学管理、调整培养计划、提高教学质量的客观依据。

协调教学工作的内外关系，保证教学工作计划的顺利实现。学校教学工作层次系列多、涉及面广，较普通教育的教学工作管理更为复杂和困难。因此，在管理过程中要注意随时调整和协调教学部门内部及部门之间、上下左右部门之间的相互关系，使学校中的党政工团、教学、生产、科研、后勤等方面协调一致，通力合作，确保学校教学工作计划的顺利实施。

加强教学研究，不断改革教学工作。要使职业技术教育符合时代的要求，更好地为经济建设服务，教学管理人员必须加强学校教学管理学研究，在管理内容、管理方法、管理形式和管理手段上不断改革创新，使教学管理工作逐步科学化、现代化。

上述各项具体的教学管理任务都是教学管理总任务的组成部分，虽然有其相对的独立性，但它们之间是相互联系的。因此，要实现教学管理的各个具体任务，既要在教学管理总任务指导下，有计划、分阶段、按时序地进行，又要进行有效的协调控制，处理好它们之间的关系。

学校教学管理是一门新学科，是学校教育学、教育学和现代管理科学相互交叉而形成的一门应用性很强的学科。我国学校教育学、教育学和管理科学近年来才逐步发展，学校的教学管理学科更是处在起步阶段，它作为一门独立的体系还不成熟，许多问题有待研究。我们应从工作出发，结合教育科学和管理的基本理论去探索教学管理应遵循的规律。

二、学校教育的方法与构想

（一）学校教学管理的研究对象

学校教学管理是从教育的原理出发，研究教学的本质、目的、制度、内容、基本原则，研究学校的事业规划、培养目标、专业设置、教学计划、教学环节、教学内容、教学方法和手段、教学质量等各项工作中的管理原则、制度和方法。亦即在社会活动和公共活动中，从教学管理角度提出目标，并为这一目标准备必要条件，以促使其完成。通过研究教学管理的实践活动，帮助人们按教学规律去组织教学过程，以最合理的方式和途径，最大限度地发挥学校的人力、物力、财力、时间、空间和信息的作用，最有效地出人才、出成果，以利于教职员工的使用、管理，教学质量的提高和校风的培养。

（二）学校教育教学管理的研究方法

学校教育教学管理有自己特定的研究对象，其研究方法必然带有多门学科研究方法的烙印。根据教学的特征，在进行研究时必须坚持以下三点。

1. 坚持联系实际的观点

教学管理是属于教育的范畴，教育是一种十分复杂的社会现象，既有上层建筑的属性，又有社会生产力的属性，还有与社会其他生活有关的属性，教育差不多与整个社会生活的各个方面都有关系。我们研究学校教学管理，就要从横的方面来研究它与社会其他部门，如经济、文化、科学技术等各个部门之间相互依存、相互促进、相互制约的关系。一定社会的生产力发展水平、科学技术的水平及其发展速度、社会的经济制度、国家政权的性质对教学管理都有重大影响。搞好学校教学管理的一个重要前提就是要切实了解在一定的历史时期这些关系的具体内容，而不能离开社会孤立地考察教学管理的问题。

2. 坚持发展的观点

一定的教育制度和管理体制都是社会发展到一定历史阶段的产物。判断一种教育制度和管理体制的优劣，必须根据一定发展阶段的时间、地点和条件来分析和考察。要防止把某种教育制度管理体制绝对化，看成尽善尽美的模式，一切事物都在发展之中，教育制度、管理体制也在发展之中。我们应在发展之中把握其发展趋势，摸索、选择其适合当时、当地具体情况的教育制度和管理体制，而且还应随着社会其他部门（如经济、文化、科学技术）的发展而自觉地调整教育制度和管理体制，使之相互适应。

3. 坚持实践的观点

实践是检验真理的唯一标准。什么是成功的经验，什么是失败的教训，什么是符合科学的管理。判断的办法只有一个，就是实践。经过实践证明能取得良好效果的管理，就是正确的管理，就是科学的管理。但是，正确的判断只是实践的第一步。因为各个学校情况（如培养人才的要求、学校的历史传统、现实的条件等）不同，要把别人的经验变成自己的东西，还要通过实践，在实践中消化别人的经验；并在实践的基础上，把感性的认识上升到理性的认识，把零散的经验上升为理论的原则，从个别中概括出一般。研究学校的教学管理还应该采取下列各种方法：历史法、调查法、试验法、观察法、比较法、移植法等。有些常用的具体方法包括在这些基本方法之中，如谈话法、问卷法就是调查法的组成部分；有些方法则是上述方法的综合。

历史法是运用文献史料进行研究的方法。它通过分析研究学校管理实践和理论，认识学校管理制度、原则和方法演变发展的规律，继承前人创造的经验和成就。

调查法是通过谈话、问卷、开调查会、分析书面材料等手段，有计划地、系统地了解学校教学管理工作的实际情况，弄清成绩和问题、经验和教训，总结发展趋势，概括出学校管理的规律。

试验法是按照某种管理体制、原则和方法，挑选条件比较适合的学校进行试验，以实际效果来检验、补充、发展或者否定这种管理体制、原则和方法。试验法的特点在于研究者对研究对象进行一定的人工控制，以便较准确地确定事物的矛盾，探索产生问题的原因以及这些问题的联系和关系，检验方案的效果，补充并发展某种理论和原则。

观察法是按照一定计划，对研究对象——学校教学的全面管理或某一方面的管理进行系统的观察，以便全面、正确地掌握材料，作为研究和判断的依据。

比较法是对当前世界各国学校教学管理的体制、原则和方法进行比较，总结出规律性的管理经验，以便洋为中用。

移植法是从别的企业、行业、部门的科学管理中吸取适于学校管理的原则和方法。

需要指出的是，学校教学管理比较复杂，不能仅仅依靠某一种方法进行研究，而是需要几种方法的配合，才能揭示其本质的联系，认识其规律。例如，当我们研究如何改进某一学校的教学管理工作时，就可以通过调查法全面了解各种具体情况；通过观察法去确定各种现象的具体表现；通过实践法探索形成各种现象的因素；通过历史法寻找各种问题发生的根据、发展的过程及解决问题的方向和途径。

只有善于根据具体情况、任务、要求和条件，把各种研究方法配合起来，取长补短，才能比较顺利地达到研究目的，取得更好的成果。

（三）学校教学管理理论研究

教学管理是一门科学，也是一种特殊的实践活动，只有用正确的理论作指导，教学管理才能卓有成效。正所谓"没有理论作指导的实践是蛮干，没有实践作基础的理论是空谈"。在我国，学校教学管理面临许许多多新情况和新问题时，积极投身教学管理研究和教育理论研究，是每一位教学管理人员的基本任务。

如何开展教学管理研究和教育理论研究？在管理工作中只要做到"两结合、两为主、高质量、回头看"就可以自觉进入研究状态，随着时间的推移和经验的积累就可以体会到收获的喜悦。"两结合、两为主"是指：理论问题研究与应用问题研究相结合，以应用问题研究为主；长远问题研究与眼前问题研究相结合，以眼前问题研究为主。"高质量、回头看"的意思是，开展某项新业务尽可能做到高质量、高标准；在完成任务后，必须认认真真地写好总结经验，在实践的基础上，从理论的高度进行科学总结。周而复始、持之以恒，个人的理论水平和业务能力就会出现质的飞跃，就能在教学管理研究和教育理论研究方面有所建树，就能对学校教育的健康发展有所贡献，实现个人与学校事业的同步发展。

总之，在教学管理中只要掌握理论、尊重规律、利用规律、坚持原则、明确目的、讲究方法，就一定能够取得预期的管理质量和管理效果。

（四）学校教学管理构想

学校教育教学角色定位，阐述学校教育和学校的战略定位、性质意义、作用和地位角色，突出其必须适应区域经济发展的本质使命。学校的专业设置与调整，结合学校和市场经济的特点，讨论学校专业结构设置、调整的意义和方法，提出一些具体的调整构想。

产学研结合模式探讨，从学校教育与市场经济接轨的大势和必要性引发，论述学校教学及其管理的观念转型，提出构建产学研结合的理论根据和操作策略。教学管理的现代化，着重讨论学校教育教学管理手段、方式和具体操作的信息化、网络化和规范化。学校的课程建设，讨论学校的课程特色，提出学校的课程改革、专业课程设置的理论依据和基本要求。学校的人文精神建设，分析学校人文素质教育的意义，学校人文精神建设的基本策略，重点讨论学校的学风建设和管理，提出把人文精神培养贯穿到学风建设过程中去的构想。质量标准体系构建和考试改革，讨论学校教学质量监控的理论意义，分析传统考试制度弊端，提出学分制引入和优化的设想，提出学校考试制度、内容、方法、评价体系等方面的改革设想，提出学校教学质量监控的理论依据和方法策略。

第二节　教学管理的体系与模式

一、教学管理体系

教学管理是一个完整的体系，又是一个纵横相连、交叉相间的多维矩阵系统。学校中的教学管理一般以三维系统进行分解：以时间为序的层次排列；以条条（组织从属关系）为序的纵向排列；以块块（工作性质的联系）为序的横向排列。

（一）时间层次系统

一般分为长期、中期和年度计划三种。教学工作计划为了与国家长远的教育规划和科技规划相衔接，也应制订本校的长远规划，对学校的发展蓝图以及重点发展方向等做一个规定性的描述，作为学校今后教学工作的指南。年度教学工作计划是指学年工作计划，是一种可操作性的计划。

（二）条条纵向系统

学校一般按其组织的从属关系要：求各级制订教学工作计划，以便检查与督促全校上下共同完成学校的教学工作目标。一些学校的纵向计划大体按学校一系一专业一教研室个人来安排这种纵向系统，其优势在于各级间有从属关系，计划内容层层落实，便于督促检查。

（三）块块横向系统

块块横向系统是一种以工作性质相同为联系的，跨组织的校内横向联系系统。目前，教务处内各科室的教务管理、教学质量管理、教材管理、实训基地管理等工作都与各系、各专业、各教研室有联系。

二、教学管理的模式

模式就是应用实物形状、关系、图表、数学公式等来表达某事物发展的内在联系，以达到直观明了、易于掌握的效果。

为了便于进一步说明学校教学管理各组成要素之间的内在联系，现将教学管理按其纵向、横向、时间层次关系建立一个系统模式，以便建立一个科学的管理体系，更好地把各个部门的管理组织起来，形成一个有机整体，以达到相互协调、顺利运转的功能。

教学模式是在一定的学习理论、教学理论等理论指导下，根据对学习内容、学情的分析，从而形成的对教学过程的组织方式的简要概括。它是对课堂教学结构和教学过程实施的一种假设。由于学习理论和教学理论的发展性和复杂性，以及教学内容和学情的差异性就决定了教育教学模式的多样性。每一种模式都有其优势、局限性和适用环境。因此，就存在着多种模式的选择和组合，以及优化的现实性。

教学模式按其适用范围的不同，可以分为以下三个层次。

（一）宏观层次

以"教为中心"的传统模式，以"教为主导、学为主体"的过渡模式，以"学为中心"的未来模式。宏观层次的教学模式，是一定的教育思想在教学实践中的反映。随着教育思想的更新和信息技术的迅速发展，忽视学生学习主体性的传统模式，将逐次被学生主体性过渡模式和未来模式所代替。

（二）中观层次

中观层次的教学模式是对教学过程实施程序的一种规范，有接受教学模式、程序教学模式、问题解决教学模式、探究发现教学模式等。接受教学模式以讲为主，系统讲授和学习书本知识；程序教学模式是设置个人学习情境，严格控制学习过程的模式；问题解决教学模式以问题为中心，组织学生从活动中学习的模式；探索发现教学模式是提供结构化材料，引导学生进行探究发现式的模式。

（三）微观层次

微观层次的教学模式是对课堂教学结构过程的一种假设。根据对认识论、课程论、教学论、价值论、方法论等研究，从逻辑结构、历史结构、学科结构所进行的探索得到的各种教学模式。

三、学校常用的教学模式

教学方法具有变异性和灵活性，教师可以灵活地选用，且应与教学实践相结合，努力设计和创新，这是课堂教学优化设计创新的重要保证。教学方法应用、设计和创新的基本原则，至少有以下十点。

（一）启发式教学模式

启发式教学模式要求按照认知事物、掌握知识技能和解决问题的思维过程，逐步启发、引导学生专注认知对象，引导探究质疑释疑，激励思考，层层深入，直到积极主动地领会和掌握知识技能。启发类型多种多样，如激励启发、情境启发、比喻启发、联想启发、类推启发、想象启发、对比启发等。启发式的实质，就是启动学生的学习主体性、主动性、积极性，变教学的单向传输为双向互动。

（二）互动式教学模式

互动式教学模式是以培养学生自主意识和创新能力，以"让学生爱学、会学、善学"为目标的教学结构模式。把传道、授业、解惑看作是师生之间的情感交往、沟通方式，是一个动态的、发展的、教与学相互统一的交互影响和交互活动过程。在这一过程中，师生关系及相互作用得到调节，形成和谐的师生互动、生生互动、学生个体与学习中介及个人环境互相影响，从而产生教学共振、达到教学效果的一种教学结构模式。

（三）发现式教学模式

发现式教学模式是在教师的引导、启发和激励下，使学生通过一系列发现的步骤，主动、自觉地探究知识、技能或理论。这种方法有助于培养和发展学生的认知兴趣、创意的好奇心和创造欲，以及独立观察、发现、思考和解决问题的能力。

（四）问题引导式教学模式

问题引导式教学模式是以问题为引导，组织学生为解决某一问题而展开学习（如自学各种材料、查阅文献资料、讨论、通过现代媒体学习等），从而将学生独立探索与掌握知识、技能有机结合起来的一种新型教学策略。它强调学生科学思维能力的培养，强调早期接触生产实践，强调在任务模拟环境下学习。具体实施如下。

第一，向学生提供一套经过精心设计的问题或问题情景，以此引导学生去思考、学习相关基础知识。设计的问题必须紧密结合生产实践或生活实际，有适宜的广度、深度，学生通过努力和教师的指导，能够独立解决。

第二，自学与感知。学生根据自学辅导材料（包括教学目标、相关学科内容范畴、指定参考书、参考文献及其他辅导资料）和提供的各种学习条件、学习资源（如电视教材、CAI、幻灯、实物、标本、模型等）自学，以及教师辅导，从而掌握解决"中心问题"的相关课程知识、技能。

第三，小组讨论。学生写出书面材料，对问题提出合理解释及处理、解决办法。在教师指导下进行讨论，相互启发，使问题解决更加完善。

第四，对学生的学习成绩及学习效果进行考核，对解决问题的方案进行评价，并利用反馈信息改进教学。

这种教学模式的主要特点有以下两点。

第一，教学内容的组织与展开打破了现有学科体系的人为界限，以实践中的问题为线索，将各个相关课程的知识综合起来，按照学生解决某一中心问题的思路去设计，将理论教学与职业实践结合起来，从而实现学生在解决问题中学习。

第二，充分调动学生的主观能动性，在问题引导下，以自学为主，使学生的学习成为自主性、探索性的活动。它要求学生独立寻找解决问题的途径和方法，并在解决问题的过程中学习知识和技能，教师主要负责组织和引导学生完成任务。

（五）案例教学模式

案例，可以理解为以一定的媒介（文字、声音等）为载体，内含教育教学问题的实际情境。案例教学是较先进的一种教学模式，它是指教师在教学过程中，依据教学目标，针对教学内容，选择适当案例作为教学素材，在特定的教学情景中，师生共同运用理论分析和解决问题的一种教学方法。

生动的情境性、高度的拟真性、灵活的启发性和鲜明的针对性是案例教学的基本特征。在案例教学中，使教学与实际情境沟通和融合，师生在生产、生活、社会实际的基础上创设富有挑战性的问题情境，在获取信息、分析和解决问题的过程中，形成自主教学，感受知识和科学方法的实际价值，提高学习兴趣和热情，发挥学生的学习主动性、创造性。这是案例教学的情境性特征。教学案例是在实地调查的基础上精炼地编写出来的，具有典型性和拟真性，可以训练学生通过信息的搜集、整理、加工，从而获得符合实际的判别能力。教学案例提供的是虚虚实实、能诱人深入的思维空间，具有灵活的启发性，可以达到最佳的学习效果。教学案例针对性强，学生通过案例分析，可以形成一套独具的、适合自己的思维方式和工作方式。

案例教学的意义在于能促进教师转变教学观念，不断探索新的教学内容与教学方法；激发学生浓厚的学习兴趣，乐于结合实际探索研究；培养学生的沟通能力、合作能力、分析与解决复杂问题或疑难问题的能力。

（六）项目教学模式

项目教学模式是在教师主导下，学生完为成一个"项目"工作而进行的教学活动的模式。这里的"项目"是指完成一项具体的、具有实际价值的"产品"。

项目教学模式是学生接触社会、接触职业实际，发挥学习主体性、主动性，获得知识技术、培养和发展能力，形成职业素质的最重要的教学模式，既适用于项目课程，也用于很多其他课程。

项目教学模式要求教师接触社会职业，广泛收集有关信息，精选教学项目，在与学生共同讨论基础上，确定项目教学目标和具体任务，再由学生根据已掌握的知识和技能，独立自主地或在教师帮助下，实施和完成项目。项目的完成要受教师乃至职业专家的真实性评估。

项目教学模式对于激发学生的自信心、创意创造意识；及早接触职业实践、形成职业能力、态度和素质都具有积极的、良好的效果。

（七）现场教学模式

现场教学模式是在真实情境（工厂、企业、职场；学校实训中心、基地、教学工厂等），按教学目标、内容和任务，通过师生互动、边讲边看、边讲边练、讲、看、练有序结合的教学方法。

学校实训中心或基地、教学工厂，可以模拟实际职业岗位，创造真实性职业场景，创造出实际职业不具备的优势，如可以不破坏正常的生产、职业工作和生活秩序；可以方便地展示设备的内部结构和复杂的工序动作，有利于学生了解其结构原理、动作原理和工作程序；可以人为地设计一些常见的故障，供学生分析、判断和排除，实实在在地掌握真正的职业技术知识和技能。

现场教学模式的优点在于：通过视听渠道直接收集工作任务和工作过程的信息（技术知识、技能、技巧等），一目了然，便于在头脑形成表象，进而经头脑加工即类比或联想，内化为新的知识存入大脑中；讲练结合，使学生亲自感受和体验，取得直接经验的知识；学生通过真实或仿真的环境，尽早地接触到"岗位"，培养职业感情、品质和能力，逐步进入职业"角色"；而且还可以提高学生亲自发现、分析和解决问题的能力。

现场教学对教师要求很高，要做好现场调研、确定现场教学的内容项目，动员学生做好精神和物质等多方面准备，到现场后要做好讲解与示范，学生开始练习或实训后，要做好巡视与指导，积极督促强化训练，结束后要针对现场教学的收获和问题，做出针对性的点评，布置学生做好实训、实练报告并布置好后续的学习任务。

（八）插播教学模式

插播教学模式是在讲授过程中，适时穿插播放电教教材（电视短片等，短则几分钟、长至十几分钟）或视频的一种教学模式。具体实施如下。

第一，在教室内配备放像机或闭路电视遥控操作装置或简易传话装置，最好是配备教师直接操作录像机的装置。

第二，教师针对重点或难点（尤其是那些难以用语言或其他媒体表达的内容），选择或制作插播型电视教材（插播短片）。

第三，设计好教学方案和程序，确定插播片的插播时机、方式和时间。可以采用先讲后播、先播后讲、边讲边播等形式。讲播结合、相互补充和促进。

第四，插播电视教材应与文字教材配套，内容精练时间短；且要有明确的目的，不随意凑合。

这种模式有以下三个特点。

第一，可以优化教学过程，插播电视短片可为课堂教学提供丰富的感性材料，有利于突出重点、攻克难点，使传统教学与电化教学融为一体，取长补短，相辅相成，显著优化课堂教学过程。

第二，该模式机动灵活，播讲穿插形式多样。可克服一般电视教学播放时间长、一过性、节奏快、难以记忆、缺乏交流思考等缺点。既能发挥教师主导作用，又能显示电化教学动态直观和高效率的优势，增加教学的生动性、直观性、趣味性和灵活性，还可方便师生双向交流。

第三，方便实用，效益显著。插播片短小精悍，内容精练，有的放矢，突出重点、难点，方便课堂教学，且制作简便、经济实用。

（九）程序片教学模式

程序片教学模式是将某一课程中适合程序教学的内容，按照易于接受的次序制成电视教材，配合课堂教学播放，使学生的学习按一定的程序规范化开展，使插播教学逐步深化和发展。实际上，程序片教学既是系列化、程式化和多样化的插播教学法，也可以说是程序教学模式的一种具体应用形式。具体实施如下。

1. 程序片的设计与制作

选题要精心，宜选取形象性、动作性或动态性鲜明的内容，它应是教学内容的重点或难点；程序片的片集，宜一片一题，重点突出，既可用于单独地辅助课堂教学，也可组合成完整的内容体系，做到一片多用。例如用于系统复习；还可以进一步编制成多媒体 CAI 程序教学软件，用于智能程序教学。

在程序片设计思路上，要体现分析、解决问题的过程。对于科学结构不要和盘托出，应给学生留有独立思考的余地。在制作技巧上，节奏要舒缓，尽量采用形象或模拟手法，衔接力求通畅，音乐要慎用。

2. 精心设计教学程序

具体的教学程序，因学科不同而不同。但应将教学内容按"小步子"原则，逐步向学生清晰地展示，并提出问题，或让学生主动地寻求答案，或教师通过媒体给出解答。也就是说，要制作足够的程序化教材，强化学生自学；并设计出适宜的问题，使学生做出积极的反应，并以鼓励、强化等方式，让学生获得学习成果的即时反馈，树立自信心和成就感。

程序片教学模式的主要优点：一是按"小步子"原则，编制程序化教学方案，使各教学环节环环相扣，循序渐进。二是按及时反馈的原则，编制恰当的练习，可使学生的学习得到确认、强化和反馈。三是需要配套足够量的系列化电视教材或其他电教教材，以实现课程教学的整体优化。

总之，教学内容结构化、课堂教学结构程序化（问题——感知——解答反馈）、电教教材系列化是程序片教学的主要特点。

（十）视听强化教学模式

视听强化教学模式是根据强化理论，充分发挥电化教学声、光、形、色、动等对视觉和听觉器官的直接作用，从而产生强化效果的一种新型教学方法。该法的实施如下。

1. 要设计强化教学程序

一般教学程序是刺激——反应强化所构成的序列，即应用电教媒体色彩的变化、画面的显示、镜头的快慢、转换、停格、特写、物特技、字幕等手法，促成学习过程刺激与反应的联接和知识的内化。如在外语语言教学中，先提供示范发音和必要的讲解，接着让学生模仿发音，紧接着进行视听强化，即应用电视教材，显示发音时口舌的变化方位、力度、持续、停顿、气流、运动等视觉形象及示范发音，从而达到形成视觉表象与发音动作协同一致的强化效果，并可根据模仿发音情况，纠错矫正，进行再次强化。

2. 要适当选择强化时机

一般宜选择紧跟在那些要加以巩固的反应以后立即予以强化，并在 2～3 天内再次强化，巩固强化效果。

3. 强化物通常是操作条件反应后得到的"报酬"或"目标物"

在教学过程中要设置一系列的强化物，利用多种强化方式和手段，对每一个小的教学步骤或单元进行有效的正向强化（积极反应的强化）。如让学生明确每一学习步骤的具体目标和意义，它可以引起学生的积极反应、兴趣及满足感，如教师善意的微笑、表扬或奖励；电视教材的特写、醒目的字幕、学习难点的重复、重播。

4. 要准确设计强化的方式与频度

对于学生来讲，应设计适应其心理特点的具体方式，并以激励成就感为主。按时间序列，一般可分为固定间隔强化和可变间隔强化两种方式。固定间隔强化是每隔若干时间后，接着进行一次强化；可变间隔强化的间隔时间则是随机变化的，有时可连续给予强化，有时则隔较长时间才给予强化。一般来说，可变间隔强化的反应比率比固定间隔要高一些。

视听强化教学法的主要特点是充分利用视听媒体的再现性、模拟性去实现重复学习和多次强化的目的，并结合运用言语强化、内部强化等多种方式，可产生强有力的学习激励作用，具有正向激励、行为矫正、行为塑造等特殊作用。这一教学法尤其适宜需要反复训练和识记的课程，如外语、体育、舞蹈及形体课程等。

四、教学模式的选择策略

每种教学模式都建立在学校的教育理念、理论、观念和逻辑结构的基础上，都有其特点或适用范围，以及基本教学过程；也有其一定的局限性，并且没有普遍使用的教学模式。这样，就有一个选择的问题。有时，还可能采用两种或两种以上模式的问题，这就又有一个优选、优组的问题。因此，在优选、优组教学模式时，要讲究策略。一般要考虑以下四个问题。

第一，所选择的教学模式，应当反映一定的学校教学理念、理论和教学观。

第一，所选择的教学模式，应当体现确定或强调的学校教学目标，具有可调控的教学策略和可操作的程序。

第三，所选择的教学模式，应当适合学生的学习水平和学习风格。

第四，所选择的教学模式，应当适合其使用范围，并能发挥其特点等。

第三节　理论教学管理

一、学生理论教学管理的内容

学生理论教学管理是学校管理学中一个相对独立的组成部分，也是学校教学管理中最基本、最重要的管理。学生理论教学管理既是学校管理的重要组成部分，也是学校教学工作正常运行的有力保障。它主要依照学校理论教学的基本规律，通过制定教学常规、教学过程及教务工作等各项教学工作的制度、方法及程序，帮助教学管理工作者按照一定的教学管理规律去组织、指导教学管理实践活动，促进教学质量的提升，从而提升学生理论教学管理水平和工作效率。做好学生理论教学管理，不仅有助于建立正常稳定的教育教学秩序，促进教师教学水平和专业素质的不断提高，而且能够提升学校教育教学团队的凝聚力，并通过推广丰富的教育经验和科学的教学方法，逐步促进教学质量的提高，从而为推动学校其他各项工作的顺利开展创造有利条件。

学生理论教学管理是一个复杂的系统工作，其内容也是非常丰富的。从纵向看，学校的学生理论教学管理可以分为计划、组织、业务、质量管理等；从横向看，学校的学生理论教学管理又包括教师、学生、课堂、教材、设备、信息等方面的管理。总而言之，学生理论教学管理是以一定的教育教学管理理念和教育教学规律所形成的对理论教学各个环节实施固定管理方法和程序的体系。随着学校办学规模的扩大和教学内容的增加，学生理论教学管理不再局限于编班排课、维持教学秩序、整理教学资料等单项工作，而是逐渐发展成为涵盖对教学内容、教学组织以及教学过程等实施全方位部署并进行系统化管理的重要手段。

学生理论教学管理是学校管理的重要组成部分，它的基本任务是全面贯彻执行国家的教育方针和学校"面向世界，面向未来"的办学宗旨，按照一定的教学规律，对学校理论教学工作进行协调、检查、监督和指导，保证理论教学工作和教学改革的顺利实施，以符合人才培养质量的最终要求。总的来说，学生理论教学管理通常由教学常规和教学过程管理两个部分构成，主要涵盖了教学常规、教学目标、教学计划、教学运行、教学过程、教学质量、档案管理等方面的内容。其任务在于优化教育教学资源，提高教学质量，确保教学工作正常进行。

（一）理论教学常规管理

学生理论教学的常规管理就是遵循教学规律对教学工作进行日常管理，主要由"教""学"及教务行政三个方面组成。

1. "教"的常规管理

"教"的常规管理即对教师教学过程的监控管理，包括对备课、上课、布置与批改作业和成绩考核等教学基本环节的管理。

（1）备课管理

备课是教师根据教学计划和大纲，结合教学的实际情况，规划和组织教学内容，保证学生有效地进行学习而开展的教学准备活动。备课管理就是对教师备课过程进行指导、监督和检查。备课管理主要通过对教案的检查和评估进行，不仅要帮助教师明确备课的意义，还要针对教师备课的内容提出具体要求。

（2）上课管理

上课是教师根据教案实施教学的具体过程，是教学的关键环节。上课管理就是对教师实施的教学过程进行监督、指导和评价。上课管理的主要方法是听课和评课，上课管理效果的好坏直接影响学生作业的完成，进而对上课的质量和效果产生深远影响。

（3）布置与批改作业管理

教师根据教学目标和教学内容，有针对性地给学生布置作业并对学生作业进行批改，这是教学工作的重要环节。布置与批改作业管理是对这一环节进行指导、检查的活动，应从作业布置、作业批改及作业查评等方面着手，提出具体的管理要求。

（4）成绩考核管理

成绩考核分为平时考查和学期考试两个阶段，是检查教学效果的重要手段。成绩考核管理是对教师平时考查和出卷命题的监督方式，要求教师严格按照教学大纲的要求进行考核，以准确体现教学成效。

2. "学"的常规管理

教学过程中对学生学习过程的监控管理称为"学"的常规管理，包括学习制度、学习成效考核、学生奖惩考核等基本环节的管理。

（1）学习制度管理

学习制度管理是"学"的常规管理的重要内容，是学生学习得以顺利进行的有利保障。学习制度管理主要是针对课堂学习、管理、考核等常规所制定的对学生出勤与纪律情况、课堂学习的制度与执行等方面的考查。

（2）学习成效考核管理

学习成效考核是检验学生学习成效的关键环节，也是学生毕业的重要依据。学习成效考核管理主要是规范平时考查、试卷考查形式和标准，并且对这一过程进行全方面监控。

（3）学生奖惩考核管理

学生奖惩考核是学生在校期间所受奖励、处分情况的主要依据。学生奖惩考核管理将对学生的奖惩进行具体的系统量化，更加规范、有序地反映学生的综合素质和能力。

3. 教务行政的常规管理

教务行政工作是学生理论教学管理的重要组成部分，其主要内容包括编班管理、制表管理、学籍管理和教学档案管理等。

（1）编班管理

把年龄和知识水平相同或相近的学生，按照比例合理分配在一起的过程叫作编班，班级的编定应一次完成，保持相对稳定，以便实施教育教学。

（2）制表管理

制表包括编排学期课表、作息时间表及其他教学相关表格，合理地编排教学相关表格，有利于规范课务管理，稳定教学秩序，指导教学安排，确保教学质量。

（3）学籍管理

学籍管理是学校理论教学常规管理的重要内容，通常包括入学与注册、学生档案、学籍异动、考核与奖惩等方面的内容，是对学生在校期间学习情况的全过程记录。

（4）教学档案管理

教学档案资料是学校历史发展进程中的基本情况及有关数据的集中反映，凡是上级文件、规章制度、计划总结、试题试卷、活动材料、教师业务档案等内容都属于教学档案范畴，需要分类整理、妥善保存。

（二）理论教学过程管理

一般来说，学生理论教学的过程管理主要包括教学计划管理、教学组织管理和教学质量管理。

1. 教学计划管理

教学计划是国家教育主管部门制定的有关教育和教学工作的指导性文件，体现了国家对培养专门人才规格的基本要求，是学校组织教育教学活动和实施教育教学管理的重要依据。教学计划管理一般包括教学计划的制订、执行、监督、实施等环节。

（1）制订教学计划

学校的教学计划由教务处根据上级教育部门有关文件精神，结合本校实际制定统一原则，安排各教学单位按专业制定初稿，签署意见后报学校教务处。教务处负责提交专家调整、审核，并将专家意见反馈至各教学单位进行修改和调整，由教务处统筹定稿后报主管校长（院长）批准。一经批准，各单位不得随意变更。一个完整的教学计划一般应包括专业培养目标与培养规格，学制规定，教育、教学周数分配，课程设置，学分要求，学时安排等方面的内容。在教学计划制订过程中，要处理好基础与专业、必修与选修等课程之间的关系，制订出一个较为理想的教学计划，适应社会发展对人才培养的要求。

（2）编写教学大纲

教学大纲是教学计划的具体体现，是教师进行教学的基本依据。除公共课程和某些基础课程由国家统一颁发教学大纲外，其他课程应根据教学计划，以纲要的形式制定、修正教学大纲，并按专业汇编成册，以克服课程间的重复和脱节，并据此进行教学准备工作，以确保专业培养目标的实现。

（3）下达教学任务书，编制教学运行表

教学任务书通常在每学期期末由系主任代表学校下发至各教研室，各教研室通过深入研究讨论，落实到具体的任课教师。各任课教师接受教学任务后，应根据教学计划，结合教学大纲规定的内容，提前做好教学运行计划，上交至各教研室。再由各教研室进行讨论，核准后执行。如遇到教学进度计划或内容确实需要更改的情况，应经教研室讨论同意后，报系主任批准。

（4）确定任课教师，选定落实教材

各门课程任课教师人选的选定，应由各教研室根据下达的教学任务，结合本教研室的具体情况进行推荐。一般应推荐专业对口、有一定教学经验的教师承担教学任务。如有新任教师授课的情况，应安排有丰富教学经验的教师进行指导。各任课教师采用统一教材，教材由学校教务处教材科每年分两次进行征订，如需使用自编教材（讲义）、实验指导书补充教材等，必须填写使用申请表，分别由教研室、系主任、教材科签署意见，上报教务处审批。

2. 教学组织管理

与教学计划管理密切相关的是教学组织管理，教学组织管理是完成学校教学任务、实现教学目标的重要措施。实施教学组织管理，可以从做好教研室组建、合理地安排课务两方面着手。

（1）做好教研室组建

教研室是学校开展教学研究、提高教师业务水平的重要基地，也是学校落实教学工作的保障。做好教研室组建应遵循以下原则：一是以"同一学科教师在三人以上可成立教研室，不足三人可将性质相近的学科教师组织成立多学科教研室"为原则建立和健全教研室；二是以"管理能力较强，且具备较高学科教学能力"为原则选任教研室主任；三是以"形成良好教风，提高教学质量"为原则建立各种规章制度以指导教研室工作，使教研室能够有效运行。

（2）合理地安排课务

学校安排课务，应考虑任课教师的专业背景、学识专长，并结合该教师的教学能力和业务水平。虽然每个教师的任课是相对固定的，但应该考虑适当的轮换制度。如教师经过自学、进修或培训后掌握了一定的专业知识，可安排有经验的教师采取"传、帮、带"的形式适量安排课务，使任课教师的综合业务能力得以提升。

3. 教学质量管理

教学质量管理是依据相应的规范和标准，采用科学的手段和方法，对教学过程和环节进行全面设计、组织实施、检查分析，以确保在教学进行过程中能够达到预期的效果，它是整个教学管理的核心部分。应从制订课程教学质量标准和构建课程教学质量指标体系两方面进行。

（1）制订课程教学质量标准

学校的课程教学质量是校企合作教育资源与课程结合条件下学生对学校教育、教学活动的满意度，以及学生的职业的适应能力、用人单位的满意度等要素的系统反映。制订课程教学质量标准，应满足学生的人文需求，包括升学、就业、可持续发展等方面，同时，结合企业的实际需求，包括目标、规格、岗位等内容来进行制订。

（2）构建课程教学质量指标体系

做好学校的教学质量管理，除了制订科学、合理的教学质量标准外，还应抓好课程教学质量指标体系的构建工作，主要包括以下几个方面：一是成效指标，它是学生毕业后在工作、学习、生活中的成就或结果表现，是学生知识、能力、态度、社会适应能力及社会认可度的综合评价；二是成绩指标，它是反映在学生个体身上的学习质量指标，涵盖了考试成绩、考试等级、职业资格证书、获奖情况等方面的内容；三是教学工作质量指标，它是教师教学工作质量的衡量指标，集中体现教师的教学能力、学术水平、工作态度与责任心，以及学生反馈的满意度；四是教学设计工作质量指标，即专业、课程、教材设计的科学性、合理性，是进一步进行设计更正或优化的重要标准。

二、学生理论教学管理的原则

学生理论教学管理工作是学校管理工作中最重要、最基本的工作。学生理论教学管理既是对教学过程的全面管理，也是为实现教学目标而奋斗的目标管理。总的来说，学生理论教学管理的基本原则就是在学生理论教学管理实践中总结确立的客观规律，是根据学校教育的根本目标和任务，在总结长期积累的教育教学经验的基础上，经过不断归纳、修改而提炼出的基本要求。它是在进行学生理论教学管理工作过程中所应遵循的指导规范和行为准则，有效地指导学生理论教学管理的各项工作并始终贯穿学生理论教学管理的过程当中。回顾现代学生理论教学管理的工作历程，无论是在学生理论教学管理的目标、内容、过程、方法、制度方面，还是在协调学生理论教学管理与其他各方面的关系方面，都是以教学基本原则来开展布置各项工作的。它不仅向我们揭示了一定的教学规律，还突出反映了在学生理论教学管理工作中应当遵循的基本原则。学生理论教学管理制度的建立与运行，对于学校教育教学工作起到了积极且不可替代的作用。

学生理论教学管理原则主要包括以人为本原则、以教学为主原则、循序渐进原则、综合把握原则、因材施教原则和师生协作原则等。

（一）以人为本原则

教育的出发点和核心目的是培养社会需要的人才，而不同国家在对于"如何培养人才""培养什么样的人才"方面都有自己的见解和看法，据此也提出了明确的目标要求和工作方针，并制定出了较为规范的教育政策法规来确保教学工作的顺利进行。

以人为本的原则是体现以人为主的管理，即学校管理工作的出发点和立足点都要把人放到中心位置，在学校管理工作中充分发挥人的作用。学生理论教学管理的主客体都是人，整个理论教学管理活动都是紧紧围绕人的活动开展实施的。因此，理论教学管理应以"以人为本"原则作为基础，其实质就是围绕"以教师为本""以学生为本"的基调开展理论教学管理工作。

"以教师为本"就是把教师的主导地位放在首位，在学生理论教学管理中充分尊重教师的劳动成果，最大限度地发挥教师的潜能，使教师成为主动参与教育教学的主体。在学生理论教学管理工作中应当以促进教师的发展为目标，将"尊重人、关心人、培养人"的理念贯穿理论教学管理的各个环节当中；"以学生为本"就是把学生的主体地位放在第一要素，强化"管理育人、服务育人"的思想，在理论教学管理中牢固树立一切以学生为主的服务意识，优化教育教学管理模式，使学生个体更好地发挥自身潜能，成为全面发展的综合型人才。

（二）以教学为主原则

教育的根本目的在于培养人才，而培养人才的主要途径就是教学。随着社会的不断发展，认识也在不断地深入，教学管理状态的稳定只是相对的。特别是在科学技术突飞猛进和创新理念日益更新的今天，教育的改革和发展正面临着新的挑战。我们的学生理论教学管理工作绝不能因循守旧，墨守成规，必须依靠科学的创新思维来提升教学管理，注重以教学为主的创造性人才培养模式，满足时代发展的新需求。学校要卓有成效地实施培养目标，取得最优效果，就必须以教学为主，并围绕教学这个中心安排其他工作，建立正常的教育教学秩序。

以教学为主原则就是要求学校从根本上落实"管理为教学"的全新思想。时代的发展需求对学校提出了新的要求，学校的学生理论教学管理不应该继续局限于以往的制度、框架管理式教学管理模式中，而是应当以发展的眼光准确把握和洞悉社会发展的新需求，积极转变教育教学观念，实行"弹性化"和"人性化"相结合的服务式教学管理模式，促进教学管理模式的创新，并通过灵活变通、多样化的管理方式，依靠科学的创新思维来指导教育、提升教学。

在学生理论教学管理工作中贯彻实施以教学为主原则，就是将学校工作的重心转移到教学管理当中，一切工作的制定、开展、实施都以协助教学、服务教学为根本，并要求教师严格按照教学计划、教学大纲进行教学，未经批准不得擅自变更教学计划或是降低教学要求，使教学工作沿着科学、健康的方向稳步发展。在实施教学的过程中，应从整体上把握以"学生为主体、教师为主导、训练为主线"的原则，要求教师做到熟知教材、授育人才，通过对学生的引导、启发、点拨及帮助，使学生探究、感悟、交流与提高。真正意义上将"教"与"学"完美结合，实现和谐统一，力求让学生在"受课"之后各有所得、举一反三，从而达到提升教学质量、培养社会需求人才的最终目的。

（三）循序渐进原则

事物的发展不是一蹴而就的，而是按照一定的轨迹循序渐进地进行的，学生理论教学管理也不例外。学生理论教学管理应遵循和把握的基本规律及原则是由教育教学的本质决定，并受教育过程的客观规律制约，又潜移默化地对教育教学的发展产生深远影响。在实施学生理论教学管理的过程中，研究并遵循教育的基本规律，包括对学校教育管理和教育管理过程规律的研究，并把握事物发展的客观规律，循序渐进地开展，对于确定正确的教育管理模式和组织实施教育管理策略、丰富和发展学校教育管理理论具有重大的理论意义和实践价值。

从历史的发展轨迹来看，社会的政治、文化、经济等方面的发展制约着教育的发展，同时，教育的发展又服务于社会发展的主流。因此，学生理论教学管理必须同国民经济和社会发展相适应，并根据理论教学管理的经验与实际不断地摸索、更正、深化。在学生理论教学管理的过程中，要按照教育教学的逻辑顺序和学生认识发展的顺序，抓住主要矛盾，妥善解决好重点与难点，有条不紊地进行。

教学的稳定是学校顺利开展各项工作的基础，一切的教学管理工作都应该在教学稳定的基础上有目的、有计划地进行，并依照一定的次序循序渐进地逐步展开。这个"序"既是指学生的自身特征，又是客观规律的体现；既是教师组织教学所应遵循的原则，又是学生主动学习所应遵循的原则。为了妥善处理好学生理论教学管理活动的顺序、理论教学管理活动的体系与学生发展规律之间错综复杂的关系，学生理论教学管理活动应当持续、连贯、系统地进行，从而使理论教学管理工作更加科学、合理地开展。

（四）综合把握原则

学生理论教学管理是学校教育管理中最基本的管理，也占有重要地位，但不是唯一工作。学校除了对教学进行管理外，还有许多其他方面的事务工作。要实现学校的办学目标和管理宗旨，不仅要做好理论教学本身的管理工作，还要注意理论教学管理对学校其他管理工作的影响。为了使学校教育真正成为社会发展、人类进步的重要阵地，各级管理部门都应全面贯彻执行国家的教育方针路线，协调好教学与其他各项工作的关系，确保学生在各方面都得到均衡发展。在实施学生理论教学管理举措时，要综合衡量学校整体的教育管理，立足于国家的教育政策法规，并以此为依据，加大教育教学改革力度，实现以教师为主导、学生为主体的全面革新。

作为学校管理工作的重要环节，学生理论教学管理工作包含了较为丰富的内容，并与学校其他管理工作紧密相连、相互影响和制约。要有效地进行学生理论教学管理工作，不仅要注意理论教学管理内部各因素的相互作用，还应重视学校其他管理工作对理论教学管理的影响。教育管理活动必须科学地组织和调动教学系统内外各方面的积极性，从而更好地推动教育事业向前发展。

我国现阶段的教育目标是培养德、智、体全面发展的综合型人才，一切的教育教学活动都是为培养社会主义建设人才服务的。实施理论教学管理的过程就是正确监控课堂教学过程，正确评价课堂教学效果以及正确总结课堂教学经验的过程，力争使每一堂课都实现教育与教学相结合、教育与教学相适应的全面发展的教育目的。做好学生理论教学管理工作，不仅仅是做好理论教学的常规管理，做好教师教、学生学、教务行政的管理，还应包括做好理论教学的实施管理，做好教学计划、组织、质量的管理。确保教师传授知识与学生能力发展相统一，确保理论教学管理的科学性与思想性相统一，确保学校整体教育管理的发展需求与政策实施相统一，促使教育教学的主客体朝着全面发展的进程发展。

（五）因材施教原则

因材施教是学生的个体特征和身心发展规律在学生理论教学管理活动中的反映，它不但是我国教学管理经验的结晶，也是现代教学管理中必须坚持的一条重要原则，具有非常重要的参考价值。在学生理论教学管理过程中实施并遵循因材施教，对顺利开展教育教学工作、培养适应时代需要的创新型人才有着十分重要的现实意义。

把握因材施教原则就是从学生理论教学管理的实际出发，按一定的理论教学管理目标，使理论教学管理的深度、广度、进度更适合教学的主体和对象。同时，针对学生的个性特点和个性差异，采取不同的管理方法和措施，有的放矢地进行差别教育，加强理论教学管理的实效性和针对性，使学生理论教学管理工作获得最佳的发展，从而使理论教学工作更有成效。

学生群体是个别差异的客观存在。因此，在学生理论教学管理中，无论是从传授知识的角度，还是从思想教育的角度；无论是课堂教学管理，还是课堂教学考核，都应从一而终地贯彻因材施教这一原则，立足于学生的实际情况，在全面了解学生的年龄特征、性格特点、知识水平、兴趣爱好、身心状况、个性倾向以及品德发展状况等方面的前提下，采取具体情况具体分析的办法，有针对性地对学生进行理论教学管理工作。这就要求学生理论教学管理工作者要以发展的眼光看待学生，客观、全面、深入地关心学生、了解学生，正确认识和评价学生，并根据不同学生的特点选择不同的方法和内容进行教育，防止一般化、模式化和程序化。

（六）师生协作原则

学生理论教学管理的过程实质上就是教师与学生之间的互动交流，师生关系是学生理论教学管理体系的重要构成因素，师生关系的好坏直接影响着理论教学氛围，影响着理论教学管理活动的组织和开展，也影响着理论教学管理的效果。从学生理论教学管理的实践和经验来看，融洽的师生关系，孕育着巨大的教育"亲和力"，师生之间的有效沟通，能够促使师生双方得到充分的尊重和信任；师生之间的团结协作，能够确保理论教学管理取得良好的进展和成效。

在学生理论教学管理中，教师主导作用和学生主体地位相协调，教师沟通与学生配合相协作，是开展各项工作应把握的一条基本原则。只有弄清"教师主导、学生主体"的理论实质，才能在贯彻这一原则的过程中妥善处理好二者之间的关系，从而充分调动教师与学生的主观能动性，在平等交流的氛围中取得较为圆满的教学管理效果。

教师的主导作用与学生的主体地位是辩证统一、相辅相成的。以教师为主导，是指在教学方法、教学内容和组织层面上要充分尊重教师的设计和决定；以学生为主体，是指理论教学管理要面向全体学生，使学生得到全面发展。主导是对主体的主导，主体是主导下的主体。在学生理论教学管理过程中，应深刻认识到教师与学生之间相辅相成的关系，应当在互相理解、相互沟通的基础上，充分发挥教师的主导作用及学生的主体作用。教师主导作用的充分发挥，是保证学生发挥主动性、积极性和创造性的必要前提；学生主体作用的充分发挥，又是教师发挥引导、教导、指导作用的直接体现。

第四节　实践教学管理

一、学生实践教学管理的内容

实践教学是理论教学的继续、补充、扩展和深化，是学校通过指导学生进行实际操作和实地训练以实现素质教育和创新人才培养目标的重要阵地，无论是在锻炼学生的实践能力方面，还是在培养学生的创新意识方面都占据着十分重要的位置。要提高实践教学水平、增强实践教学效果，就要科学地对学校实践教学进行管理，通过制订良好的实践教学计划、组织与协调实践教学各个环节等方式，利用现有的实践教学资源有效地提高学生的技术应用能力和实物操作能力，从而实现学校教育的育人目标，推动学校教育的发展进程。

学校实践教学管理的含义可以表述为：按照学校教育的客观规律和特点，依据学校教育的人才培养目标要求，对学校实践教学活动进行有计划地组织、安排、控制、监督并全面实施的过程。随着现代社会的不断发展和意识观念的逐步转变，文凭已不再是求职应聘的唯一敲门砖，绝大多数用人单位已将实践和操作能力作为衡量员工综合素质的首要标准，这对学校的教学和人才培养提出了更高的要求。为顺应时代需求，应重视并加强对学校实践教学的管理，运用现代化教学管理方式，健全实践教学管理体系，实现实践教学工作的科学化、规范化、制度化。这不仅有助于加强对学生职业技能和职业素质的训练和管理，而且能够促进实践教学质量的提高，为增强学生就业竞争力打下坚实的基础。

实践教学是学校教育教学管理体系中的一个重要组成部分，是培养学生理论联系实际、提高学生综合运用所学知识和技能进行专业工作能力的关键环节。不仅在教学当中占有较大的课时比例，而且教学内容也十分丰富，涵盖了实验、实训、毕业顶岗实习和毕业设计（论文）等四大板块。因此，为了维护正常的实践教学秩序，实现实践教学目标，不断加强和改进对实践教学工作的管理，实现实践教学管理科学化、规范化，不断提高实践教学质量和管理水平，就成了学生管理的一项重要任务。总的来说，学生实践教学管理一般包括学生实践教学机构管理、学生实践教学制度管理、学生实践教学督查管理、学生实践教学计划管理、学生实践教学组织管理、学生实践教学质量管理和学生实践教学条件管理等方面的内容。

（一）实践教学常规管理

实践教学是学校教学的有机组成部分，也是突出反映学生教学工作成效的重要指标。认真抓好实践教学常规管理和深入开展实践教学研究是顺利完成实践教学任务、实现实践教学目标的主要途径。在进行学生实践教学常规管理工作中可以逐步系统化，其关键在于构建其系统运行模式和机制，保证教学信息流畅通有效。

1. 学生实践教学机构管理

要做好学生实践教学各环节的工作，应从建立完善的学生实践教学机构着手，着重加强对学生实践教学机构的管理。学生实践教学机构由教务处牵头，设置实践教学管理科，负责对整个学校的实验、实训进行宏观管理，组织实验、实训的考核和评估工作；监督各院（系）进一步做好各专业毕业实习的组织、管理，毕业设计（论文）写作的组织管理与总结工作。各院（系）根据实践教学管理科的相关要求设置实践管理中心，主要进行实验室、实训工厂、顶岗实习及毕业设计（论文）的衔接管理。负责安排专人做好本院（系）实验、实训设备的准备和管理，督促各教研室做好各专业毕业实习的安排与检查，合理安排各专业学生毕业设计（论文）的收集与指导工作。

2. 学生实践教学制度管理

为了加强学生实践教学管理，提高实践教学质量，各学校立足本校实际，制定了学生实践教学管理制度。然而，随着社会对人才培养需求的不断变化，学生实践教学制度也会发生相应变化，这就要求从根本上做好学生实践教学制度的管理工作，要确保学生实践教学各环节的顺利进行；也要顺应时代发展的需要。应根据学生实践教学常规管理要求，以教育法规为指导，以实际需求为出发点，建立完善实践教学常规和学生实践规范等方面的规章制度。针对实验、实训、顶岗实习的具体要求，做好实验、实训、顶岗实习安全制度的管理，要求学生严格遵照实验、实训、顶岗实习制度和指导教师的要求完成实验、实训、顶岗实习，并逐步规范、完善学生毕业设计（论文）制度管理，以便顺利开展毕业设计（论文）工作。力求精练准确、简便易行，使之真正成为实践教学行为的准则。

3. 学生实践教学督查管理

学生实践教学是提升学生动手与创新能力的重要环节，也是存在安全隐患较多的教学活动。因此，加强学生实践教学督查的管理力度，对学生在进行实践活动中可能发生的问题提出具体的要求和防范措施就显得尤为重要。比如，通过要求实验室加强对学生实验中药品、器皿和实验过程的监管；监督实训工厂指导学生严格遵照实训要求穿实训服、戴钢盔，按照指导老师的要求进行实训；督促顶岗实习的学生在校外严格遵循学校和企业安全实习要求，通过加强同校内校外指导老师的联系等方式加强学生实践教学活动的督查力度，明确各职能部门的工作任务和职责，细化各阶段工作任务，扎实有效地开展实践教学活动，能够在一定程度上减少或减轻学生在实践教学活动中发生意外和危险的概率，确保学生实践教学活动的顺利开展，从而实现学生实践教学的人才培养目标。

（二）实践教学过程管理

1. 实践教学计划管理

实践教学计划是指根据课程计划对教材进行重新设计，它是课程的具体化，是课程进入教学的中介；实践教学计划从整体上与人才培养目标相统一，结合师资技能等主客观条件，并以过程观为基本原则，指定学生活动的实施计划。

（1）实验、实训教学计划管理

实验、实训教学计划由任课教师根据教学大纲编制，与理论教学计划同时完成一并上报，也可混合编制，力争展开大纲规定的全部实验。实验、实训进程计划是学校组织日常实训教学活动的总安排，由教务处根据各系（室）上报的各专业实训计划，结合学校实训（实验）场地、仪器设备、师资等条件编制全校性的教学进程计划。在实施过程中不能轻易改变，若遇特殊情况需变更者，应提前向教务处提出申请，经同意后方可变更计划。应从整体上分配实践教学时数并提出教学时可能需要的教具和实验、实训项目，并根据具体条件进行实验、实训教学计划管理，要求教师严格按照实验、实训的性质，任务与目的要求，实验、实训内容或工种（岗位）安排，实验、实训注意事项，实验、实训报告，实验、实训考核办法等内容编制教学计划。

（2）顶岗实习计划管理

学生顶岗实习应根据人才培养方案要求和教学进程表规定的时间进行，若需调整，应及早提出计划，报教务处审查，并由分管教学的校院领导决定，各院（系）应结合企业或工地实际，组织有关教师制订出实习计划和要求。为了使实习要求更能切合企业实际，应落实聘请企业或工地方指导人员，安排实习有关内容等。指导教师应事先到企业或工地了解情况，落实有关问题。各有关教研室将实习计划、要求、实习时间、地点、实习内容、学生分组及指导教师等内容以书面形式在实习前两周报教务处审批。毕业实习前由各院

（系）进行实习动员，明确实习任务与要求，毕业实习结束后，学生应写出实习报告并进行单独考核，以优、良、中、及格、不及格五级记载。在毕业实习结束后，指导教师及时将成绩报系和教务处，毕业实习成绩不及格者不能参加毕业设计（论文）。

（3）毕业设计（论文）计划管理

毕业设计（论文）是学生在完成了全部课程学习之后，结合毕业实习或生产实际进行的一项综合性实践教学活动。为加强管理、提高质量，应着重对毕业设计（论文）工作进行计划安排管理。毕业设计（论文）计划安排应在每年的 10～12 月进行，由教研室根据各专业毕业学生人数进行毕业设计（论文）分组，安排相应的指导教师；指导教师根据学生的实际情况，结合专业特点组织学生进行选题，上报教研室；教研室主任会同系领导进行毕业设计（论文）题目的审定，根据学生意向、学生本人的实际能力、成绩以及课题的类型、分量、难易程度，结合指导教师的意见进行综合平衡，最后确定课题分配，并将最终选题结果进行汇总报系主任审批，督促各指导教师向学生讲明开题内容、形式、研究（设计）流程、写作要求和时间期限等具体要求，解答学生疑问，指定主要参考资料，并以书面形式将课题任务书下达给学生。

2. 实践教学组织管理

学生实践教学的组织管理由各系院（系）统一负责，按照实践教学计划的总体要求，由专业教研室同指导教师、辅导员（班主任）共同完成。学生教学组织管理要为教师的发展和创造性工作营造宽松和谐的环境和条件，做到有计划、有落实、有检查、有反馈。

（1）实验、实训教学组织管理

实践教学组织实施是根据已确定的实践教学文件，对教学全过程的一种管理活动。由任课教师按大纲要求协同实验实训场地管理员准备好一切所需的器材，并做好仪器设备的检测调试、安全措施、数据整理和实验、实训报告的要求等；在授课过程中，由实践教学管理部门督促任课教师做好讲课、示范、操作、指导，启发学生手脑并用，训练技能、发现问题、解决问题；实验、实训人员在课后应认真填写实验、实训教学日志，同时督促学生做好实训器材和实训场地整理、清洁工作，并指导学生撰写实训日记、实训报告、实训总结等，及时向教学职能部门提供实训教学中的各种信息、建议或经验。

（2）顶岗实习组织管理

顶岗实习是实践教学环节的重要内容，是学校教育和教学工作的重要组成部分，是一门理论联系实际、掌握实践技能从而更好地进行理论学习的综合性实践课程，主要由各院（系）根据专业培养目标组织教研室制定顶岗实习大纲，督促各顶岗实习指导教师执行顶岗实习计划，做好实习前的有关准备工作，并指导各专业辅导员（班主任）做好学生的思想政治工作，了解和处理顶岗实习中的业务和生活问题，定期向院（系）及实习单位汇报；教务处实践教学管理科负责汇总各院（系）的实习计划，协助各系（室）建立顶岗实习基地，并对顶岗实习工作进行检查监督、评估、总结和交流。

（3）毕业设计（论文）组织管理

毕业设计（论文）题目确定后，由各系（室）进行毕业设计（论文）动员，向学生下达毕业设计（论文）任务书，由各指导教师向学生具体布置毕业设计（论文）工作，明确毕业设计目的及要求，指定必要的参考文献及资料，着手准备开题报告。开题报告通过后，各系（室）应随时督促指导教师对学生进行撰写指导，并开展毕业设计（论文）中期检查，检查毕业设计（论文）各阶段任务完成情况。及时将存在的问题、需要整改的部分反馈给各指导教师，由各指导教师负责指导学生进行修改、定稿，并按要求提交毕业设计（论文），进行毕业答辩的材料准备。

3. 实践教学质量管理

实践教学由实验教学计划、内容和方法、手段以及考试考核等环节组成，实践教学质量管理贯穿实践教学的全过程。教学检查和考核是检查实训教学实施情况、考核学生掌握实践操作技能程度和应有能力培养状况的重要一环，主要包括检查实训教学资料、统计实训教学开课率、考核评分和实训教学中存在的问题和经验总结等。

（1）实验、实训教学质量管理

通常以各院（系）的实践管理中心对教学资料、教学开课率及实验、实训教学组织实施情况的检查作为衡量标准。主要是检查实验、实训教学文件是否齐全、规范，实训教学日志、设计图纸、实训报告、总结等综合材料的情况和教师批阅情况，并督促各教研室做好实验、实训教学原始记录，各学期实验、实训教学按计划执行情况以及实验、实训开课率等方面的信息汇总。以各教研室的教学准备、人员落实及组织实施情况，备课、授课、示范、巡视、指导、答疑考核评分情况和实训基地（实验室）管理、仪器设备维护、检测等情况为主要考核内容。

（2）顶岗实习质量管理

顶岗实习教学质量管理主要由各系（室）的实践管理中心负责，督促各专业辅导员（班主任）密切联系学生，了解学生顶岗实习的情况，并要求学生在规定时间内上交相关实习资料。教务处实践教学管理科依据各专业辅导员（班主任）上报的学生顶岗实习材料进行管理、归档。考核成绩的评定主要依据学生上交的实习周记、实习总结、顶岗实习考核表等内容。顶岗实习结束时每个实习生都应按质按量地完成实习记录，并对照实习要求、围绕实习过程检查自己的工作态度、方法、纪律等方面的情况，总结收获、体会和成绩，找出差距。学生明确今后学习的努力方向，改进学习目标，制定提高措施，并填写《实习总结》《顶岗实习考核表》，认真进行书面个人总结；顶岗实习指导教师根据实习生的表现，结合实习单位的意见写出评语、评定成绩，然后提交教务处。指导教师对本次实习质量进行分析与评价，提出今后实习工作和教学改革的意见和建议。

（3）毕业设计（论文）质量管理

各专业学生完成毕业设计（论文）的撰写后，由教务处抽取一定比例的毕业设计（论文）进行抄袭检测，学生根据检测结果修改论文并提交指导教师，准备毕业答辩。这是毕业设计（论文）质量管理的关键环节，应严格把控毕业设计（论文）质量关。检测完成后，对于重复率较高的毕业设计（论文），应要求指导教师进行信息反馈，并取消相关学生的答辩资格，要求限期整改；对于重复率较低的毕业设计（论文），应作为本批次的优秀论文予以推荐；并及时组织其他学生参加毕业答辩。毕业答辩后，由各系（室）完成毕业设计（论文）纸质材料的审核、总结（包括任务书、开题报告、说明书、成绩评定表等资料）工作，教务处实践教学管理科对各系（室）上报的材料进行审核、存档，从而监控毕业设计（论文）的质量管理。

4. 实践教学条件管理

随着学生实践教学的稳步推进和实践教学比重的逐步增加，进一步做好学生实践教学条件管理，为实践教学提供人员专业、设施完备的服务体系，有利于提交实践教学质量，从而带动学校整个教育教学水平的提升。

（1）实践教学师资队伍管理

在实践教学的过程中，首先，应建立健全实践教学管理人员的岗位责任制，加强对参加实践教学学生的管理和考核。实践教学开课前，各任课教师和实践教学管理人员必须认真做好各项准备工作，检测仪器、设备和有关用品是否完备及是否处于良好状态；实践教学开课后，任课教师应向学生讲明具体的操作及安全注意事项，并对学生参与实践教学的情况进行考核；实践教学结束后，实践教学管理人员应及时清点和检查设施设备及用品，做好整理和保管工作。其次，建设"双师型"的师资队伍是运行实践教学管理模式的重要条件之一。学校应该制定长远的教师队伍建设规划，注重培养专业带头人、学术带头人和骨干教师，注重中青年教师的培养和提高，注重从行业企业聘用兼职教师，注重落实教师全员聘任制和岗位责任制，建立一支数量足够、结构合理、素质优良、师德高尚，既有较高理论水平，又有较强实践技能的具有学校教育特色的"双师"素质教师队伍。

（2）实践教学设施、设备管理

学生实践教学设施、设备完善是确保整个实践教学工作顺利开展的首要条件之一，应加强对学生实践教学设施设备的管理力度。在管理体制方面，成立安全领导小组。派选对安全工作认真负责，具有丰富经验、操作熟练的工作人员担任安全工作责任人，根据实验室日常工作情况，研究制定符合该实验室特点的安全措施，消除安全隐患，预防事故发生，明确安全责任；在完善防护设施方面，针对实验实训室里各种教学器材，实验人员进行定期检查和登记，制定《实验室安全手册》。实验操作前和操作后对所有设施设备进行全面检查，操作有毒有害、有危险的实验时专门设置规范的屏蔽设施和操作空间。在实验室安装视频监控系统，对危险物品进行统一管理。制定应急预案，用来处理各种突发事件；在落实执行情况方面，应加大监督检查执行力度。实验人员每天定期检查，领导小组每月定期检查。对检查中发现的安全隐患及时提出整改意见并限期整改，使各项规章制度真正落到实处。

二、学生实践教学管理的原则

学生实践教学管理是当前学校发展的重要出发点，是教学规律在管理工作上的反映和应用。实践教学管理的目的和任务是贯彻国家的教育方针，确保学校教学工作有计划、有步骤、有条不紊地运转。总的来说，学生实践教学管理工作主要依托于质量和规模相结合、教学和实践相结合、教育和教学相结合、系统和阶段相结合、定性和定量相结合、灵活和规范相结合等原则进行。

（一）质量和规模相结合原则

实践教学在教学目标、任务和教学内容上的特点要求实践教学管理要把规模管理和质量效益管理有机结合起来。实践教学在教学目标、任务和教学内容上的特点首先要求实践教学要建立与之相适应的教学规模。因此，实践教学要立足现有的实践教学条件，充分挖掘自身潜力，不断强化规模管理，增加实践教学环节或活动项目，充实实践教学内容，逐步健全实践教学质量保证体系，确保质量和效益的稳步提高。

（二）教学和实践相结合原则

教学管理是以教学为管理中心的一切管理活动总和，实践管理则是以实践为管理中心的一切管理活动的总和。实践教学的基本属性和系统特点要求实践教学管理要把教学管理和生产、科研、社会实践管理有机结合。

课堂教学是理论教学最基本的组织形式，实践教学管理既要根据自身特性体现自身的管理特色，又要在管理的各个环节和层面上，如教学目标设定，任务明确，体系构建，教学内容、教学环节和活动的计划安排等若干方面，自觉地协调与课堂理论教学的关系，使实践教学和课堂理论教学融会贯通。

（三）教育和教学相结合原则

实践教学在教学目标任务和系统上的特点要求实践教学管理要把教学管理和教育管理有机结合。一是要在保证完成基本的实践教学任务的基础上，自觉地将素质教育的内容融汇到实践教学中去；二是要把实践教学和其他教育活动管理有机结合。这样有利于激发和调动学生的学习主动性、积极性，而且有利于综合开发实践教学资源，提高实践教学的综合效益。

（四）系统和阶段相结合原则

实践教学在组织形式上、效益上要求实践教学管理要把系统化管理和阶段化管理紧密结合。既要把实践教学体系和每一个环节或活动作为相对独立完整的教学系统进行管理，又要根据实践教学活动周期长的特点将整个管理过程划分为若干阶段组织实施，明确阶段管理目标、任务，分步骤地落实。

（五）定性和定量相结合原则

实践教学要求把定性和定量管理有机结合，是指在管理中本着全面、公正、客观的管理原则，针对实践教学体系和各项实践教学活动的具体特点，设定定性管理和定量考核指标，并与整个教学管理及其他有关学校管理工作直接挂钩，是定性和定量管理有机结合的程度体现。

（六）灵活和规范相结合原则

实践教学在组织形式上要求灵活性和规范性相结合。一是针对实践教学的特点，明确相对统一的管理思路、管理目标和任务，制定相对统一的管理要求和标准、规范管理的活动程序；二是针对实践教学的个性特点，按照管理层次，明确管理职责、管理目标和任务，层层下放管理权限，充分发挥学院、指导教师和学生的管理职能。鼓励指导教师采用灵活多变的教学和组织管理方法，给学生营造宽松的学习和自我管理空间，进而提高实践教学的教学效益和管理效益。

三、学生实践教学管理的方法

学生实践教学既是教学过程的重要环节，又是培养应用型人才的首要突破口。为加强学校对学生实践教学工作的管理，进一步完善落实实践教学新体系，使教学能够紧密地与生产实际需要相结合，应及时转变教育观念和教育思想，加强对学生实践教学重要性的认识，对实践教学进行科学化、规范化管理，保证实践教学工作的顺利进行。学生实践教学管理方法主要包括教学质量控制法、管理制度制约法、评价机制激励法、理论实践结合法和校企合作推进法等。

（一）教学质量控制法

教学质量控制法是指将全面质量管理理论引入实践教学，确立涵盖全部实践教学环节的全方位的质量管理体制，构建贯穿实践教学全过程的质量监控体系，以此作为衡量学生实践教学成效的主要标准。

教学质量是学校教育发展的核心，是学校教育的生命线，是学校得以生存与发展的立足之本。教学质量监控是保证教学质量不断提高的重要方式，其目的是通过对实践教学质量的动态管理，促进学校合理、高效地利用各种资源，顺应社会环境的变化，从多方位开展实施教学质量监控。其内容主要涵盖了对实践教学人才培养目标、教学计划、教学过程、学生信息反馈等方面的控制。不仅是适应新时期学校教育发展的客观需要，也是以教学质量监控内容为中心，努力提高学校人才培养质量的必要手段。应通过加强调查研究，编制科学、实用的教学指导性文件，通过听课、教学检查、学生评教、实践操作等方式实现监控目标的目的，并逐步建立实践教学情况档案，严格遵照相应标准执行考核，全面提升实践教学质量。

（二）管理制度制约法

管理制度制约法是指在进行学生实践教学管理的过程中，通过建立健全实践教学管理制度，严格实践教学管理规范，以约束管理工作者、教师与学生在实践教学活动中的行为，突出实践教学的管理力度。

实践教学管理不应该是随意性的教学活动，需要建立完善的科学制度予以规范，从制度上规定实践教学管理的内容、运行机制、过程管理及目标管理。学校必须建立健全实践教学管理体系，运用现代化的实践教学管理系统，弥补现有实践资源短缺造成的实践教学困难，科学规划，有效合理地利用实践教学资源，为培养具备综合素质的学校人才奠定基础。在实践教学管理中，必须以提升实践教学的教学基础为研究点，加强实践教学制度管理，实现目标管理与过程管理并重。在实践教学过程中，必须对传统的管理形式进行合理有效的分析，在现有教学基础的前景下突出实践教学的重要性。据此制定相应的管理制度，涵盖实验、实训、顶岗实习、毕业设计（论文）等各方面、各环节的内容，明确各部门、各岗位的职责和义务，明确涉及的岗位和部门在实践教学活动中的考核、评估、检查、验收标准，以规范实践教学管理人员、教师、学生的行为，促进各部门、各人员之间的相互支持、协调统一。

（三）评价机制激励法

评价机制激励法是指通过建立科学、合理的评价管理机制，正确运用考核评价机制，充分发掘内部潜力，不断提高学生实践教学管理者、教师及学生的能力，以保证学生实践教学工作的有效开展，更好地为学校改革、发展提供有力的保障和服务。

目前，学校的学生实践教学管理相对较为松散，各专业缺乏科学的实践教学计划、实践教学大纲，实践教学内容和课时与市场需求存在较大距离。要提高实践教学成效，应从整体把控评价机制激励的实质内涵。要积极借鉴高水平学校教育管理经验，尝试在实践教学管理改革中，建立有利于全员参与实践教学质量管理的激励约束机制，研究实践教学管理与学生职业素养养成的内在联系。在提升学生实践教学管理地位的同时，给予实践教学教师以精神层面的激励；应强化检查力度，监督学生定期进行实践活动，鼓励学生在实践中提升自身操作经验。逐渐引导学生树立学以致用的学习理念，建立正确的导向，发挥管理机制的作用，让工作人员以现有发展模式为管理基础，按照学院的实际要求，确定合理的评价机制。

（四）理论实践结合法

理论实践结合法是指在学生实践教学管理的过程中，不仅要注重在实际管理当中所呈现的主要问题，还应充分运用在以往的学习、工作中吸收的理论知识，采取科学、有效的方式把理论与实践相结合，理论作为实践的参考标准，实践作为理论的产生依据，以此来进行实践教学管理。

理论与实践教学管理在整个教学活动中占有同等重要的地位，仅有实践性而缺乏理论性和仅有理论性而缺乏实践性都不是指导教学活动的有利条件，应合二为一，在此基础上不断地整合、总结、完善。理论与实践教学管理的并重，就是注重两者在整个教学活动中的比重，实现功能性的平衡，既满足学生对理论和实践的需求，又促进了教学品质和目标的实现。一是在制订人才培养方案时，应从培养应用型、创新型人才的需要出发，协调理论教学和实践教学时间的比例，要打破传统的学科界限，使学校的实践教学内容服务于所要解决的职业领域的问题，学校实践教学管理模式的选择也要注意与市场实际情况相衔接；二是为适应实践教学的需要，学校必须以人才市场的需求为核心，按模块设计课程，综合考虑知识结构、应用技能与特殊个性化需求等因素，对现行课程体系重新整合。应在不断摸索中适当增强创新意识，增加社会、教师与学生需求性的比例，结合上级规定制订各种管理方案，以指导实践教学管理，并在实践教学活动中不断总结、归纳得出符合学校自身发展特点的理论指导依据。

（五）校企合作推进法

校企合作推进法是指学校与企业建立一种长期的合作模式，将实践教学活动的阵地逐步转移到真正的实践场所，按照突出应用性、实践性的原则进行管理改革，以推进学生实践教学活动，加快学生实践教学管理工作进程。

随着社会竞争的日益激烈，各学校为谋求自身发展，抓好教育质量，纷纷采取与企业合作的方式，有针对性地为企业培养人才，注重人才的实用性与实效性。同企业建立长期的合作关系，将实践教学搬进企业正逐步成为一种全新的人才培养模式。因此，要实现学校与企业资源、信息共享的"双赢"，学校应以应用为目的，根据社会经济发展的变化不断调整、优化课程体系结构，重视专业技能实践性环节的落实，彻底打破三段式的教学模式，真正实现专业理论与实践教学比例的1∶1；应以前期按专业大类培养，后期分专业方向训练为具体思路，制订切实可行的、多样化的、柔性教学计划，把自由选课制、分绩点制、弹性学习时间制、间修制、主辅修制等纳入学分制管理范畴，加强实践环节教学，探索工学结合的人才培养模式。比如，可以根据企业用工需要与生产一线人才的要求，将半年实习时间改为一年，实施"2+1"的人才培养模式；成立就业实习中心，实施企业法人管理机制，建立实习、就业、职业规划设计指导三支队伍，以保证"2+1"人才培养模式的顺利实施。

第三章 教学方法与教师教学能力形成

第一节 开放式教学

一、学校教育推行开放式教学的适切性

我国经济发展过程中产业结构调整和技术的升级换代对人才的规格、类型及素质提出了越来越明确的要求。应用型、技术技能型人才开始备受社会的欢迎，社会对学校教育的要求也越来越高。随着社会用人标准、生源数量及特点的变化，学校继续沿用传统的教育教学模式已不能适应当前形势，教学改革势在必行。一些区别于普通学校教育，符合教育特点的教学理念、教学方法和教学手段必将在学校中得以推行。开放性教学因其开放性、灵活性及以学生为中心的特点更符合学校提升教学质量的需要，有助于学生提高动手实践能力，适应未来岗位需求并提升整体素质；这种教学集中反映了学校的发展趋势，有助于推动学校教学全面、彻底地改革，也有利于产学研合作教育的切实践行；它能够促使学校向注重内涵建设的方向发展，为社会提供更多的具备职业素质以及人文素养的技能型人才。因此，当前在学校中推行开放性教学具有一定的适切性。

（一）从学校三个主体发展的本质看推行开放性教学的可行性

1. 学校发展的本质就是和社会产业高度的融合，在客观上要求教学必须具有开放性

有学者认为，学校发展的本质就是学校的消亡。这一观点虽然有失偏颇，但却揭示了一个真理，即学校只有与社会高度地融合，才能得到真正的发展。学校教育发展至今，已经与社会生产联系得更加紧密，使得它的教学内容就应该基于实际生产实践展开。学校与

社会产业的这种高效融合要求学校教学是开放性的，与地区产业水平是同步或超前的。学校教育的协同性包括经济发展对教育的拉动作用和教育发展对经济的推动作用，在两者的共同作用下，学校教育与产业发展便能实现协同性发展。学校教育只有与社会产业相互协调发展、相互支撑，才能提升劳动力素质，推动经济社会发展。学校发展的这种本质要求促使其办学主体在教学设计、实施、评价等各个方面都要以社会的实际需要为基础，从最根本的功能和目的出发，推动学校的发展。

2. 教师发展的本质就是教师主体性的发展，突出表现在教学、科研等方面的创新型发展，只有推行开放性教学才能促使教师实现这种发展

教师要实现在教学内容、教学方法上的创新，就应该具有较高层次的视野、教育观念和教学策略。对于学校的教师来说，必须充分了解社会、市场及企业的发展，应该积极走出去，走进企业、厂房、实验室。只有开放，教师才能够掌握最新的生产技术、教育理念，才能够了解并遵循最新的发展趋势，教学活动才能够有的放矢。同时，在开放、发展、提升的过程中，教师才能够形成实现自身价值的感受，才能获取教师这一职业给其带来的认同感、自豪感和幸福感。显而易见，给学生、教师更广阔的发展空间，使师生整个教育、教学过程取得更好的效果。

3. 学生发展的本质就是学生个性的发展，也只有开放性教学才能促使学生个性充分地发展

尊重个人选择，鼓励个性发展，不拘一格培养人才；关注学生不同特点和个性差异，发展每一个学生的优势潜能。学生在学校教育过程中主体性及个性的发展与发挥，对教学的开放性提出了必然要求。学校的学生有可能在智能类型上与本科院校的学生存在差异，这种可能性差异决定了两类教育的培养目标的不同。学校具有很强的跨界性，不能够再沿用以往传统的、一成不变的教学模式和教学方法教育学生。在学校教育过程中必须充分认识到这些学生的特点，抓住"人的发展"这个学校教育的第一要务，同时紧密结合"职业性"这一学校特点，根据他们的不同智能类型提供差异化的教育服务，以满足学生的个性化教育需求，完全释放他们的潜能与个性。

（二）从学校教育改革亟待完成的三大任务来看推行开放性教学的紧迫性

1. 推行开放性教学是进行课程改革和教学改革的重要任务

学校教育从其本身属性来说，就是强调培养学生的应用性能力、动手操作能力等。因

此，学校课程与教学的改革势在必行。学校应该创建一种靠产业技术创新驱动课程改革的体系，促使教学内容适应社会需要，按照职业资格标准进行课程设计和实施。改变原有的学科体系设置，按照实际生产环节和步骤调整课程内容顺序及教学重点，同时进行职业文化渗透和技能训练。这就要求学校必须积极与企业、行业联系，紧密开展对接与合作，根据职业需要共同开发符合职业标准的课程。在教学中亦要采取开放性的手段与方法，改变原有的"重理论、轻实践"的教学模式，以学生为主体，鼓励学生主体参与。

2. 推行开放性教学是产学研高度融合的迫切任务

产学研高度融合的特征就是与区域经济产业的紧密联系，体现在教学上就是与企业、行业的高度融合，是学校的本质属性所决定的。学校应积极探索开放性的教学模式，让课堂走出校园、把企业的老师请进学校，同时为学生提供"所学即所用"的知识和技能。把企业生产的真实环境引入校园或者把教学活动安排在车间、厂房，以实际的生产应用环节为教学内容，让学生以"当局者"而不是一名"旁观者"的角色参与到教学过程中。实现这样一种整合校园与企业资源的教育方式，就必然要求双方共同参与教育方案的制订及实施。因此，学校通过采取开放的教学模式来满足产学研高度融合的需要是一项非常迫切的任务。

3. 推行开放性教学是学校凝练办学特色的迫切任务

学校要达到发展的较高境界，就必须重视办学特色的凝练。开放性教学则能够改变传统的、被动的教学模式。学校应该首先从教学环境入手，创设真实的企业生产环境，把课堂延伸到企业、车间，使学生能够在真实体验中学到职业所要求的知识和技能。其次，在专业设置、课程开发、教学计划实施等方面结合院校自身专业优势以及区域支柱产业，采取灵活、开放的方式与企业、行业对接。另外，在开放性教学中还应注意与相关专业领域的大型企业联合，通过开发横向研究课题，充分利用学校的人员技术优势和企业的生产实践基础，推动产业技术创新，同时带动教学水平的提高。

二、开放教学的基础建设

（一）在开放办学中推进学校教育生态化

1. 学校教育生态化的含义

生态就是生物与自然环境的协调关系。生物是自然界的生物，自然界给生物提供了适宜的生存生长环境，它们共同构成了一个和谐的生态环境。"生态"一词现在内涵越来越丰富。人们把一切系统里健康、和谐、向上的状态都用"生态"来形容。生态学是学生物与环境关系科学发展的学科。人、自然与社会三者的关系是生态学研究的重要范畴。生态平衡是生态学研究的一个重要问题。生态平衡理论认为，在一个系统里，内外因素的结构与功能应该是有序、开放、和谐的动态发展格局。学校教育的生态化，就是要逐步形成使学校和谐、健康、持续、开放、系统发展的环境。

2. 学校教育生态化的重要性

（1）有利于学校获取最大程度的资源支持

学校的资源包括内部和外部两类资源。内部资源主要指学校内部的各种要素配置与组合产生的发展状态。外部资源主要指学校之外的各种社会力量与学院发展的关系状态。学校教育生态化作为学校发展环境最优化的目标，是一个日益转化的过程。学校只有在开放、有序的社会环境中才能更充分地获得发展所需要的各种资源。

（2）有利于促进师生全面发展

在生态化的职业院校，教师充分参与企业合作，学生也有更多的通过跨界合作实现发展的机会。生态化的学校里，管理民主，校园文化环境一流，教学开放高效，师生关系和谐友好，师生教学相长，共生互促，实现最优化发展。

（3）有利于学校为社会充分做出自己的贡献

学校服务社会主要体现在四个方面：一是人才培养，这是最重要的服务；二是校企合作，为企业或其他社会机构提供科研与技术服务；三是文化服务；四是继续教育，从事社会培训。学校必然要服务社会，关键是服务社会的广度与深度如何。在生态化学校教育里，学校与社会其他机构都是和谐、开放、互助的关系，这种关系会比以往任何时候能够让学校服务社会实现最大化与最优化。

（二）推进专业建设的开放性

1. 专业是开放教学的基层平台

开放性教学在推进的过程中，一般存在三个层面，即学校层面、院系层面和专业层面。在开放性教学初期，一般先在某一个层面落实推进。例如，如果是学院领导发起，则学校要先在学校层面进行观念培训，设计相关制度，然后逐层推动。但由于专业是教学的基本单位，归根结底，必须落实体现在专业层面。高等学校一般是按照专业制订人才培养方案、安排课程、开展教学的。如果开放教学总是浮于学校与二级院系的层面，则说明开放教学缺乏深度，还没有真正落实。

教学项目和课程着重于培养成功的工作表现所需要的能力。应依据劳动力市场对职业素质能力的需求重新编排课程和评估。课程改革必须集中在提高能力素质上，比如学习能力、互动技能、交流技能、信息处理、解决问题能力、思考能力。发展大量专业技能必须专注职业和公司培训，即在工作实践中学习。在当下体力劳动和常规工作逐渐被信息知识取代的社会中，这些预备知识学习就是最重要增加个人增值的过程。

教学革新最重要的是开发基于劳动实际过程发展专业学习课程体系。学校分析企业和产业，找出各个工作岗位的工作目标任务，针对各个典型工作岗位的任务建立学习场地，并配以相应的教学目标。学校评估通过教学手段设计，制作过程和操作过程针对学生的知识掌握和运用进行专业评估。企业评估注重能力资格认证。评估标准基于教学评估，使得学校教学能持续和行业需求保持一致，增加学生就业机会。

2. 将开放教学融入专业

当前，受体制等客观实际的限制，专业这个层面工作权力比较小，掌握的资源不充分，对开放教学的认识群体差异性明显，因此在把开放教学向专业推进时，存在着一些困难。这就要求，改革一些传统的做法，按照现代管理理念推进此项工作。一是重心下移。学校管理的重心应该在二级院系，要充分放权，使二级院系拥有充分的权限。二级院系在统筹管理的同时，应该给专业组织赋予推进项目的更大权限。二是资源配置。专业组织必须拥有一定的人力资源与财力资源。只有资源配置到位了，开放性教学才能落实到专业层面。三是项目推进。这是现代管理的一种较为科学的做法。

第二节 理实一体化课程教学

一、学校理实一体化课程的教学环节

（一）教材的处理

在实施理实一体化教学之前，教师要根据教学大纲，结合专业技术特点，对教材进行大量的取舍工作，加入新的技术，淘汰旧的技术；保留实用技术，缩减繁杂的理论讲述；有理有实，使处理后的教材简便明快，通俗适应，可操作性强。

（二）授课方法及教学过程的设计

理实一体化教学的关键在于理论与实践的穿插进行，如何将两者有机融合，在教学实施中，其教学尺度难以把握。在教学过程中如何适时地穿插录像、投影、挂图、实物拆卸、板书、讲述，教师的备课工作量大且必须有较为周密的计划与安排，否则教学尺度一旦把握不准，就难以达到一体教学的要求。

全面推行"理实一体化"教学授课方法及教学过程的设计的具体做法如下。

1. 理实一体化教学过程的思路

理实一体化教学过程中有理论讲解，有操作示范，还有操作训练，与纯粹的理论课有很大的区别，但它也不是理论课和实践课的简单堆砌。所以合理的教学过程设计是上好课的关键所在。理实一体化教学遵循以下思路：讲述哪些基本知识，掌握哪些基本技能；教学的重点、难点是什么；如何选择教学场地、教学设备及工、量具；教学过程编排；先操作后讲解，还是先讲解后操作对于教学难度大的内容尤为重要；学生如何分组，设备如何配置；教学过程中应注意哪些安全事项；如何在作业中体现教学的重点、难点等。只有构思好课堂教学的全过程，才能有的放矢地组织好教学。

2. 理实一体化教学教案的环节

理实一体化教案包括：教学目的和要求；教学内容；教学重点、难点处理；课前准备教学设备、工量具等；教学时段安排：教学过程组织。其中，教学过程组织讲授和操作示范、学生分组、操作训练、巡回指导、技术纠正及安全事项等，是教案的核心内容，要充分体现教师的主导作用和学生的主体作用。

3. 理实一体化教学的教案

轻内容而重组织过程和训练方案，应尽量避免在教案中罗列大量的教学内容。

4. 当堂进行课程测评

口试：教师提问学生口答。笔试：教师发给学生提前打印好的试卷。实践：现场操作技能测试。

（三）坚持以人为本的教学思想，注重学生的主观能动性

教师的教是为了学生的学，在教学过程中，必须充分调动学生的学习主动性、积极性。学生是有个性的人，他们不仅是教师教学的对象，而且是学习的主体。教师传授的知

识与技能施加的思想影响，要经过学生个人的观察、思考、领悟、练习和自觉运用、自我修养，才能转化成为他们的本领与品德。一般来说，学生学习的积极性、主动性愈大，求知欲、自信心、刻苦性、探索性和创造性就愈大，学习效果就愈来愈好。正因为如此，我们所开展的理论实习一体化教学，由于直观的刺激作用，学生提高了对所学知识的兴趣，他们能运用所学的知识自觉地、积极地参加与教学活动，在这个课程中获得直接经验，进而逐渐形成各自能力倾向和创造才能。

采用理实一体化教学以后，改变了以往满堂灌的做法，摆脱了纯理论教学，不仅激发了学生学习的兴趣和积极性，而且使学生的动脑和动手能力显著增强。要坚持从以人为本的思想出发，一方面尊重学生学习的主观能动性，加强对学生的正面引导；另一方面加大实践教学的力度，进行形象化教学，开导学生，提高他们的学习的兴趣。通过形象化教学，不仅使他们知道"是什么"，更重要的是让他们知道"为什么"，以此来激发学生学习的热情和主观能动性。

理实一体化教学立足于学生的本性，从学生的根本质量上使学生得到发展和完善。教学使学生的个性自由发展，形成学生独立的个性，有助于增强学生的主体意识，培养开拓精神和创新才能。

二、学校理实一体化课程的教学方法

（一）理实一体化课程的教学法

1. 精讲多练、理实一体

"教学做评"一体化，以学生为主体，教师为主导，以典型任务为载体，教师理论精讲，思路点拨，操作示范，巡回指导，有效激励。教师在课前布置任务，对将要完成的任务涉及的知识难点进行精讲，对学生合理分组，学生在课外查阅资料，收集信息，制订完成的计划，在一体化教室进行任务实施（外围硬件接线），小组和教师对完成的任务进行检查，最后师生共评。

2. 示范性操作

在理实一体化教学中，通过教师进行示范性实验、示范性操作等手段，是使学生观察获得感性知识的一种方法。它可以使学生获得具体、清晰、生动、形象的感性知识，加深对书本知识的理解，将抽象理论和实际事物及现象联系起来，帮助学生形成正确的概念，掌握正确的操作技能。课前，教师要做好演示的准备工作，根据课题选择好设备、工具、量具。

3. 练习法

是指学生上完理论课后，在教师的指导下进行操作练习，从而掌握一定的技能和技巧，把理论知识通过操作练习进行验证，系统地了解所学的知识。练习时一定要掌握正确的练习方法，强调操作安全，提高练习的效果，教师认真巡回指导，加强监督，发现错误操作立即纠正，保证练习的准确性。对每名学生的操作次数、质量做好记录，以提高学生练习的自觉性，促进练习效果。对不操作的学生要求在旁边认真观摩，指出操作中的错误，教师及时提问，并作为平时的考核分。

4. 启发引导

这种教学方法的步骤如下：提出问题——引导思考——学生讨论——教师总结——得出解决问题的结论。在教学过程中，教学团队还经常进行讨论研究，根据课程特点和学生特点，灵活运用多种教学方法和教学手段，不断提高我们的教学质量。

（二）理实一体化教学法的特点

理实一体化教学是符合教育的规律和特点，适应学生目前基础和身心发展的一种成功的教学方法。理实一体化教学法并非适用所有的课程，根据其特性，可知有三类课程可以实行理论实践一体化教学法：理论性强、课程内容较为抽象、不进行实验不易理解的课程，如控制技术类课程；技术性强，不进行训练难以掌握的课程，如烹饪、数控编程加工、测量技术类课程；研究性强，不深入现场无法讲授的课程。

1. 理实一体化实训环境——企业化

理实一体化教学要有与专业和规模相适应的硬件设备和学习环境。由于此种教学方法强调空间和时间的统一性，这就要求作为课堂的实习车间（实验室）要有足够的工位，适合课堂的教学环境，如多媒体教学设备。不同的专业、不同的课程又要具有不同的设备和环境。教学场所直接安排在试验室或实训车间，从设备上为理实一体化教学师生双方边教、边学、边做、理论与实践交替进行提供保障，基本满足了一人一岗的要求。

2. 理实一体化课程设置——模块化

理实一体化教学要有与专业和规模相吻合的课程设置。职业学校的课程是学校围绕培养目标所设定的教学内容和教学顺序的综合。"模块"一词是外来词，其英文为 Module，一是指标准尺寸的建筑部件、家具部件；二是指计算机或计算机程序的模件、组件、模块。模块化作为一种高技术时代的技术开发、设计思想，最初出现在信息技术领域。由于计算机软件、硬件采用了模块化结构，不仅大大缩短了软、硬件产品的开发周期，降低了生产成本，而且能灵活地实现了多功能需求。此后，模块化思想被广泛应用于其他各个技术领域。它是在深入分析每个职业（工种）和技能的基础上，严格按照工作标准（岗位规范），将教学大纲和教材开发成不同的教学模块，形成类似积木组合式的教学方式。将各种教学模块组合而成的教学计划称之为模块式教学计划。

3. 理实一体化配套教学——任务化

理实一体化教学要有与专业和规划相匹配套的教材。传统的教材一般都强调理论的全面性和系统性，不能适应理实一体化教学的需要。理实一体化教材要摒弃传统的专业教学课程方案，根据教学目标和任务，将各个知识点分解实践训练任务，有计划地开展技能训练，在训练中让学生知其然。教师将学生实践中出现的问题，用专业理论知识来加以解释，使学生知其所以然，从而实现理论与实践的有机结合。

在借鉴先进的教育理念、模式和方法的基础上，结合实际情况，对数控技术应用专业原有的课程结构、体系、内容和教学方法进行改革，组织教师编写以项目为指导、以任务为驱动的理实一体化校本教材。校本教材突破了传统的教材重视理论的全面性和系统性的课程体系，以能力为本位，以职业实践为主线，以任务驱动为主体，对课程内容进行创新整合，根据企业用人的具体要求和学校的实际情况，结合学生的个性发展需要，对教材内容进行必要的取舍与组合，对内容的深度和广度进行适当的调整，结合"双证融通"的人才培养模式，把职业资格标准融入校本教材中。

4. 理实一体化师资队伍——双师化

理实一体化教学要有过硬的师资队伍。理实一体化教学的实施，要求教师具有较扎实的专业理论功底和较熟练的实践技能，要具有理实结合的教材分析及过程组合的能力，要具有创新综合能力，否则教学方案难以出台，教学过程难以控制，教师很难做到有求必应，有问必答，融会贯通。加强实践性教学环境是体现以能力为重点，培养学生熟练的职业技能和综合职业能力，实现理论与实际、教学与生产有机结合的有效途径。提高实践教学质量的关键在于有一支技高一筹、艺高一筹的双师型专业教师队伍。

5. 理实一体化质量评价——社会化

现代教育质量观认为，教育质量是教育满足社会、用人单位需求的能力，评价和考评是教学工作的指挥棒。改革教学质量评价机制就是要改变以一次考试成绩作为考评主要依据的传统做法，以市场和客户为导向强化过程考核。

理实一体化改革教学质量评价以三个符合度为标准，即培养目标和质量标准符合社会需求、学生需要和国家规定的程度——设计；学校实际工作状态符合学校确定的培养目标和质量标准的程度——生产；人才培养结果（毕业生）符合学校确定的培养目标和质量标准的程度——检验。结合"双证融通"这一人才培养模式，按照国家劳动和社会保障部职业技能鉴定中心提出的分层化的国家职业标准体系，由职业特定技能标准、行业通用技能标准、跨行业职业技能标准和核心技能标准四个模块构成。相关核心课程最终成绩可由各技能训练项目的考核成绩和理论考试成绩按权重综合评定。另外，实行学分制管理，鼓励学生通过自选课程，参加职业资格认证等途径获取相应学分。对于教学质量的评价，不能仅仅由我们自己说了算，还要有用户（企业、学生、家长）参加评价，注重用户评价、考核学生解决实际问题的能力；不仅有合格的材料、先进的设备与手段，更要有科学规范的质量管理与控制。在突出人才培养的针对性和应用性的同时，让学生具备一定的可持续发展能力，促进学生的全面发展。广泛推行过程考核和项目任务综合考核，尽可能地采用多种评价手段，如技能鉴定、模拟测试、实物制作、专题报告、口头与书面问答、直接观察、考察原有学习证据等。这样做能有力地保证坚持以技能培养为核心，满足社会需求为能力目标的职教特色。

第三节　教师教学能力形成

一、学校教师的职业特点

社会对教育的期望，最终要反映在教育培养的人才与社会发展要求的契合度上。教师作为专职的、直接面向社会培养应用型技术技能人才的教育工作者，有其特殊的使命，那就是紧密结合区域经济社会发展和产业结构调整及技术进步，培养现代职业技术技能人才，帮助每个学生走向成功。教师不仅具有教师的一般特点，而且具有自身职业的特殊性。

（一）教师职业的一般性

1. 教师职业的专业性

现代教师必须经过长期的专门训练和实践锻炼才能取得教师任职资格。而且，从事教师职业必须具有一定程度的专业知识和专业能力，能够在本职业领域不断学习、创新和发展。

2. 教师角色的多重性

在教育教学活动中，教师既是知识的传授者、教育活动的组织者和管理者，也是学生生涯发展的引领者和指导者，所以教师在不同的场合，还要扮演如心理咨询师、学生的朋友、家长的代理等多重角色。

3. 教师职业的示范性

教师职业的特殊性决定了教师必须成为学生模仿和学习的榜样，用自己的一言一行潜移默化地影响学生，用自己丰富的学识充实学生，用自己高尚的人格魅力感染学生。教师要用心、言和身去培育学生的德、智和行。

（二）学校教师的特殊性

1. 实践性

要培养技术技能人才，教师除了要具有比较综合的专业知识外，还要具备较强的专业实践技能和一定的实际工作经验。

2. 经济性

要面向区域经济社会发展，教师不仅要掌握教育规律，还要了解经济发展，要将教育与经济发展紧密联系起来。

3. 职业性

要为每一个学生发展服务，教师不仅要了解教育对象的身心发展特征，还要了解职业人才成长和发展的规律及路径。

总之，教师的职业特殊性表现在，不仅要"学高""德高"，还要"技高"，不仅要能做"教师"，还要能当"工程师"。一个优秀的教师需要多方面的能力与素养，从事的是一项内容多变、对象复杂、难度较大的工作。没有坚定的教育信念和对学生成长的高度责任感，不经过严格的训练和长期的专业教学锻炼，没有一定的工作经验和社会阅历，就很难胜任教育工作。做一个好教师很难，做一个好的教师更难。

二、学校教师的素质要求

素质是指个体完成一定活动与任务所具备的基本条件和特点。教师的素质是教师道德水平、政治态度、精神面貌、教育教学与专业能力、身心状况等多方面的综合反映，主要包括教师所具备的思想道德素质、知识文化素质、教学能力素质等。

（一）思想道德素质

1. 现代教育观

纵观国际教育改革趋势，随着 21 世纪知识经济时代的到来，教育改革席卷全球，科学的人道主义教育观备受推崇。这种新型的教育观是科学与人道的有机结合，它以科学为基础和手段，以人的完善为目的，它代表了未来教育发展的方向，就是我们常说的"以人的发展为本"的教育观。这种教育观就是让受教育者做到学习科学文化与思想修养相统一、学习专业理论知识与生产实践学习相统一、坚持实现自身价值与服务社会相统一、坚持树立符合时代发展的远大理想和服务社会相统一。教师做学生就业、创业和发展以及学生职业生涯的指导者和促进者。

21 世纪是以高新技术为主导地位的知识经济时代，国际竞争日趋激烈，谁抓住了教育，谁就抓住了新世纪的战略制高点。因此，各国都把成功和发展聚焦在学校教育的改革上，要求建立以科学为基础、以人的发展为根本、以培养健全人格和创新能力为宗旨的新型教育理念，培养新世纪需要的合格人才。

学校教育是直接为地方经济服务的，要求专业教师应具备一定的经济方面素养，能掌握较丰富的现代经济知识，能较深刻领会现代"人力资本""智力资本"的经济理念，树立"人才市场观""人才质量观"和"现代产业观"的经济观念，有意识地把竞争规律、价值规律渗透到教学内容和教学过程中。

2. 较高的行业素养

学校专业教师要熟悉相关行业的行规和职业道德，要清楚地了解它们的内容及其在行业中的作用，并能将其融入教育教学过程中，让学生从教师的言行上体验到职业道德的内涵，在带领学生到企业进行实训和顶岗实践中带头模范地遵守职业道德，培养学生的职业意识和良好的职业道德。

学校教育专业教师除了应具备良好的职业道德外，还应具备较为宽厚的行业、职业知识以及实践能力素养，能根据市场分析、行业分析、职业分析及职业岗位群分析，对专业课程进行开发与改革，调整和改进教学目标、教学内容、教学方法、教学手段，注重对学生进行职业知识与职业技能的传授和综合职业能力的培养。

3. 终身学习和创新意识

当今社会以及未来社会，对人的标准和要求发生重大变化，劳动者将以智力和知识为基础从事职业活动。知识已成为决定生产力、竞争力的基础，知识成为经济发展的关键因素。尤其是我国当前正处在调整产业结构、产业升级、改变经济发展方式时期，需要数以千万计的高素质劳动者和数以百万计的高技能应用型专门人才，这样一大批的拥有新知识和创造能力的人才始终是一个社会技术实力的基础，也是综合国力的基础。在科技迅猛发展，新技术、新材料、新工艺不断出现的知识经济社会中，作为一名专业教师要承担起培养具有新知识结构和创新能力的人才的任务，就必须不断地学习和充实，使自己具有与时俱进的新知识结构和创造才能，创造性地教书育人，不断创新人才培养模式和改进教学方法。在施教过程中要关注培养学生终身学习意识和不断发展的能力，使培养的学生能跟上时代发展和社会进步。因此，教师要具有终身学习和创新的良好意识，这是一个很重要的素质要求。

（二）科学文化素质

1. 专业知识

专业知识是指教师的工作范围、工作职责和工作内容所需要掌握的知识。专业教师要具备本身所胜任的专业教学的学科专业领域的知识。专业领域知识包括专业理论知识、专业实践知识和应用性知识。专业知识涉及专业教学活动中的实训、实验方面的知识和专业教学实践知识。

专业实践知识是指专业改革、专业建设、专业人才培养方案、专业人才培养教育目标、专业课设置等方面的知识；专业教学实践知识是指如何开展专业教学活动的操作性知识和如何教学生学习实践技能的实践性知识。

专业应用性知识是指对专业理论与专业实践、转化和运用方面的知识，也就是说，专业教师不单纯是从事自己的专业工作，而且是从事专业教学工作，这就要求专业教师应具有在实践中高效地将自己的专业素质转化为教育工作的能力。这就需要专业教师对自己的专业活动进行整体性的认识和判断，即如何认识自己的专业、专业价值和专业教育。

2. 教育知识

专业教师在教育知识方面应具备教育理论知识、教育实践性知识和整合应用知识。教学理论知识包括教育学、心理学、课程、教育教学管理等方面的一般知识、理论，以此为教育教学活动提供观念性的引导。

教育实践性知识是指依凭个人的生活经验、人生哲学、人生理念，高度综合并内化成学科知识、教育心理知识和运用到具体教育教学实践情境中的知识形态。

实践性知识是指向实践的知识，它是专业教师有效从事教学工作的前提，实践性知识一方面来自对外界已有的实践性知识的学习，另一方面来自教师自身在长期的教学过程中所生成的智慧，即教师实践性知识是在实践中逐渐构成的。

整合应用性知识是在认识性知识和实践性知识的基础上，设计科学、合理、有效、良好的教学过程方面的知识，也就是关于教学过程、教学效果、学生学习结果的评价与判断的知识，评价自身教学活动和改进、调整的知识。

3. 职业知识

学校专业教师是传授专业的职业知识、职业技能的教育者，不仅要掌握专业知识还应具备相应的职业知识。职业知识包括一般职业科学理论知识、职业实践知识和整合应用知识。

职业理论包括具体的职业理论知识、某一职业价值、企业文化和企业制度等，为此，教师要能够及时掌握企业信息，了解技术发展变化的趋势，在教学中介绍行业的新技术、新知识，能将其融入教学。

职业实践知识主要是工艺过程知识、生产流程知识，也就是在真实的工作场景中如何操作、如何制造、如何加工的知识。

整合应用知识是指对职业理论及相关职业活动中的加工生产过程进行设计应用的知识。主要表现在职业工作或职业操作过程中对自己的观点认识和行为实践的评判。教师教给学生职业技能和操作能力的教育过程并不是单纯的直线式演示和传递，而是教师自身对职业技能的分析评判，将理论知识和实践知识进行重新再认识运用在教学过程中，对学生进行有效的技能教育。

（三）教学能力素质

1. 教学能力

教师的教学能力来自扎实的专业功底和一定的专业理论及其行业背景知识，教学能力表现在：一是能根据市场调查分析，根据行业、职业、职业岗位群分析调整课程内容，制定相应的教学目标；二是具有系统的教学设计能力，能胜任两门以上的专业课教学和相关的实验、实习、实训、课程设计、毕业设计的指导，并熟悉相关课程内容，能编制课程教学大纲，能运用现代教学技术进行教学，具有教育教学管理基本能力和良好的教学监控能力；三是能够根据本专业特点从实用性和针对性采取多元性的教学模式，能自如地运用有学校教育特点的探究式、过程导向式、项目引领式、模拟仿真式等教学方法开展教学；四是具有激发学生学习兴趣和创新思维、充分挖掘学生潜能、培养学生分析问题、解决实际问题的能力。

2. 教学改革与研究能力

学校专业教师的科研能力不同于普通学校，是把技术应用、技术开发和技术转化融入教学中为主要特征。教师的教学改革与研究能力体现在：一是具有一定外语水平，对专业理论、专业教育史、本学科学术流派等知识能有相当的了解，并具有运用学校教育教学规律去主持和指导教学改革的能力；二是要善于用新观念、新信息、新技术分析新问题，改革教学模式和新的教学方法，以适应外部环境的变化和主体发展的需要；三是要具有良好的创新精神、创新意识，掌握创新特点和规律，组织和指导学生开展创造性的实践活动；四是具有较高的学术研究水平，能指导专业建设和解决教学实际问题，能构建具学校教育特色的课程体系、能承担综合课程开发、设计教学内容体系和能参与研制人才培养方案、专业教学方案的能力；五是具备能够申报、主持和组织实施专业技术和专业技能、专业建设、专业教学等方面课题的能力；六是具有一定的实践操作能力和实践创新开发能力，能将成果融入教学中，并能创新地解决和回答学生提出的生产实际问题。让教师成为一名会调查、能搜集和整理资料，能试验设计，能成果转化的应用型的研究者。

3. 专业技术能力

现代学校教育必须反映现代生产技术要求，了解生产实际，跟踪技术的发展。作为"双师型"专业教师首先应该掌握所教学科专业的高新技术知识和本专业领域内的某些传统和高新设备的维护和操作技能。具体要求专业教师，一是具有工艺能力、设计能力和技术开发与技术服务能力，并能在具有丰富的行业背景知识和一定的专业实践经验前提下，及时了解行业和市场行情能力，掌握本专业产品或服务的工作要领；二是具有中级工以上水平的专业的操作、工艺实验能力，并有能准确、熟练地示范、演示、指导的能力；三是能熟练地运用专业理论和专业实践知识向学生介绍和讲授产品或服务的信息、生产、销售策略、公关知识；四是要具有了解本专业实践工作的综合素养，做到既能胜任与专业相关的实训、实习、就业指导，又能指导学生参加相关行业的技能资格、技能等级考核等，指导学生通过实习、实训让学生感受和学习企业文化。

4. 行业联系能力

学校专业教师为有效地开展社会实践活动和实践教学活动，除了要有与师生交往与沟通的能力外，还要有与社会、行业、企业人员进行多方面沟通与协调的能力，共同组织学生开展社会实践活动。这就要求专业教师要有较强的交往和组织协调能力。具体的要求，一是具有通过各种有效媒体、访谈、交流等多种渠道搜集行业信息的能力；二是具有胜任或参与企业相关岗位工作的能力，如能协助企业开展有关战略发展规划、提高企业现代企业管理水平和技术开发的能力，在开展实践教学和学生顶岗实习中有配合企业技术人员向学生展示相关岗位操作技能和顺利完成学生观摩、实习、实训等教学任务的能力；三是要有分析预测能力，能根据地方经济发展趋势，用系统观点和科学分析的方法对当地产业和行业发展方向进行分析，进而推测高技能人才的需求，并能为其提供一定的产品开发和技术服务，这些能力要求"双师型"专业教师的接触面要广、活动范围要大，要有较强的交往和组织协调能力。

5. 课程设计能力

课程设计能力表现在：一是要求教师能根据职业分析，设计职业岗位能力分析方案，并在此基础上制定教学目标和教学能力标准；二是要求能根据学生的需求、兴趣和就业愿望，确定课程目标，制定课程教学实施方案；三是要求能根据课程标准和教学目标，构建课程内容体系，编写出相应的教学材料（讲义、教科书）和教学大纲等课程文件。

6. 教学实施能力

专业教师的教学实施能力表现：一是要能系统设计教学和编制教学实施计划，特别是能制订基于工学结合情景实践教学计划，能选用适宜学校教育特点的教学模式和教学方法，能熟练运用多媒体等现代教育技术进行教学，保证有效开展教学活动；二是在教学过程中要有良好的教学管理和监控能力，而且还能就教学过程进行反思，对出现的问题进行改进，提高教学质量。

7. 管理学生能力

"双师型"教师既是理论教学的施教者，也是实验、实习的指导者，还是校内外产教结合的研发者和学校管理的参与者。为此，要求教师要掌握教学行政管理、技术开发管理、教学设施使用管理、学校良性运行管理及行业、企业管理的程序和法则。在施教过程中，一是要求能在课堂、实习、实训以及社会实践中能有效地管理学生，并能把学生的思想品德教育融入其中；二是要求能为学生提供职业指导、就业、择业和职业生涯规划服务；三是要具备对学生学业成绩测量和评定的能力，能制订学生学业成绩测量和评定的阶段性和全程性的测评以及综合测评计划。

8. 专业发展能力

社会里的行业、职业日新月异的变化，作为"双师型"教师必须善于不断接受新信息、新观念、新知识去分析新情况、解决新问题。这就要求教师根据自己的实际情况和科学技术的发展状况不断更新自己的知识体系和能力结构，并要以良好的创新精神、创新意识去超前、多思维、求异思考所遇到的问题，指导学生开展创造性的教学活动。为此，首先，要求教师能在对自己专业发展进行诊断的基础上制定个人专业发展规划，选择适合自己的继续教育方式，按规划完成提高和拓宽专业知识以及技术的学习任务。其次，能通过多种途径学习及时获取本专业课程新标准和新内容，使教学内容与新职业岗位对接，提高课程与职业的适宜度。最后，能根据自己的专业技术和专业技能的现实水平与教学提高的要求，有计划地到企业参加技术和产品研发工作，并在参加职业岗位的专业实践体验、技能学习过程中把获得的成果转化为教学材料，以充实和改革教学内容和实践教学内容。

三、"双师型"教师教学能力的培养

（一）自主学习发展途径

学校"双师型"教师培养既要有良好的外部条件，更应重视教师内因的激发，突出教师的内在价值和需要，发挥教师个体在"双师型"化过程中的主观能动性，调动教师自我发展、追求卓越的积极性。尤其应提倡教师自身的反思性学习与研究，因为反思有助于教师把自己的经验升华为理论，有助于教师获得专业自主，没有反思的经验是狭隘的经验，至多只能是肤浅的知识，教师只有善于从经验反思中吸取教益，才能不断改进。师资培训只能教授教师的本体性知识（学科知识）和条件性知识（教育学、心理学、学科教学论等），而"双师型"教师的实践性技能需要教师在专业实践与理论学习中生成与发展。"双师型"教师应结合教学工作和专业实践，学习新理论和新技术，不断完善自己的知识结构，提高专业技能水平，促进专业技术的不断完善。

教师的自主学习优点在于能克服以往双师队伍建设培养成本高、周期长的弊端，容易贯彻"缺什么，补什么"的原则，体现工学结合的特点，做到培训与教学以及科研紧密结合，避免理论与实践的脱节。专业教师经过长期的自我学习和训练，掌握系统的专业理论和技能，其成果可直接转化成教师的教育教学能力，尤其能促进实际技能与理论教学双重能力的共同提高。

在自主学习模式中，不同的教师有不同的需求。学院应尽量满足这些要求，对需要提

高学历的实践课教师，除给予一定的资助外，还应在保证教学的前提下，尽可能给予其时间上的照顾。对需要提高实践能力的理论课教师，要鼓励他们参与实训教学条件的建设、改造和更新，参与到实习教学的整体过程。通过实践活动，提高技术转化、推广和应用的综合能力。无论是理论课还是实践课教师，都要组织他们开展有关项目的科技研发活动，承担产品设计、工艺革新和技术咨询等工作，提高他们的专业理论水平，培育他们的专业情感，形成技术应用能力、科研能力、工程实践能力与创新能力，促进"双师型"素质的形成。此外，还要支持教师参加相关行业的资格证书培训和考试，对取得各类职业资格证书、执业资格证书和职称资格证书的教师在培训考试费用上给予报销。

（二）生产实践训练途径

当前教师普遍缺乏企业实际工作环境的熏陶，缺少企业的实际工作经验，缺少对企业最新技术和工艺的了解。通过生产实践训练，能弥补教师在这些方面的不足。因为生产实践训练加强了教师与企业技能人才的联系，促使教师深入生产第一线以更好地掌握专业技能。因此，生产实践训练是培养"双师型"教师很重要的途径。

生产实践训练不仅能提高教师的实践能力，而且还能确保教师教育教学水平与日俱增。学校教育理应为区域经济建设、科技发展和社会进步做出贡献。教师是学校科技服务的主力军，必须具有在经济建设服务中学会服务并不断提高水平的能力。另一方面，科学技术迅猛发展、日新月异，新技术、新工艺、新材料不断涌现，生产设备和产品不断更新，新技术从发明到应用的时间也越来越短。无论是参加过专业培训的教师，还是从生产一线引进的教师，若长时间囿于校园，限于课堂教学，势必会知识陈旧，实践能力退化，难以适应学校教育培养目标和发展的需要。这就要求教师特别是专业课教师要经常地参加科研、生产和社会实践，接触实际，继续学习，积累新的经验，不断提高自己解决实际问题的能力。

学校教育培养的是应用型、实用型人才，因此，指导学生进行实际专业操作和解决实际专业问题，是教师最主要的教学内容。学习操作与学习理论不同，学习操作首先表现为动作模仿，而学生模仿的好坏主要取决于指导教师的操作动作示范。另外，当学生在实际操作中遇到困难时，需要指导教师为其提供参考建议，以便学生自行摸索和创造新的解决方案。教师要想高质量地完成这项工作，必须具备能非常熟练地进行实际操作和指导学生解决问题的能力。

要提高"双师型"教师的职业能力，要求专任教师定期到企业挂职或顶岗锻炼，例如一个职业院校可以联系多家固定企业，每5年安排不少于半年的时间到生产和管理第一线参加实践，学习新知识和新技术；另一方面要求指导企业的技术革新，产学研结合，了解相关企业在市场中的实际情况，为企业提供综合分析报告。

学校经常主动与企业建立联系，确保教师能够经常到企业工作和学习，及时熟悉和掌握企业生产和工艺过程的特点，以及正在发生的变化，不断学习和更新知识。教师通过在企业工作，了解企业生产过程中存在的问题与困难，帮助企业解决这些问题，可以提高教师研究、分析和解决问题的能力，积累丰富的实践经验，提高教学水平。同时，有条件的学校应敞开大门，利用自身在设备、场地和人员工的优势，建立以生产为主导的校内生产性实习基地，广泛吸收生产、服务、管理一线熟谙专业技能且适合教师岗位的专门人才。这不仅可以充分利用教育资源，缓解人员压力，还可以把生产、服务、管理一线的成功经验引入课堂和实训环节，从而带动教师队伍的发展和建设。

（三）社会服务拓展途径

学校的功能是教学、科研和社会服务，学校作为高等教育机构，以直接为社会经济发展服务、为产业部门培养各类劳动力为办学宗旨，与普通高等教育相比，其服务社会的功能更为突出。提倡和强化学校教师积极投身于社会服务，对提高学校教学质量有着积极而又重要的意义，这也是提高教师专业技能的重要途径。

新的历史条件下，学校的教师不再是传统的"知识传递者"，也不再是知识权威的代表。他们不仅要有知识和学问，为所有学生提供高质量的教学，更重要的是要有将知识转化为实践技能的经验和能力。学校的教师必须保持着自主探索精神，具备丰富的专业实践技能，能够迅速且有效地对社会和市场变化做出反应，并有能力转化科研成果，承担企业和社会的课题研究及服务项目。显然，这样的角色转变单靠政策引导、机制转变来实现是远远不够的。应该把树立教师"自我更新"的专业发展意识作为改革发展的关键，这是一种主观的、更为持久的动力，也是教师专业水平发展的标志。学校"双师"教师专业技能的成长是内外多种因素相互作用的结果，教师的主动发展是核心和关键，主动提高社会服务能力，应成为教师专业技能发展的"一种日常生活模式"。学校教师要有"自我更新"的专业发展意识和自我反思的实践意识，适应不断变化的社会，丰富的职业生涯，自觉保持同行业企业的合作关系，使社会服务成为其职业技能发展的支点之一。

第四章 创新创业教育的方法

第一节 创业者创新创业观念教育

创业者创新创业观念教育是一个十分重要但却容易被人们忽视的话题，因为表面看起来这项工作与具体的创业活动无关，然而，如果一个创业者理想不坚定、创业意识混沌、创业三观不正，即便在经济指标上取得成功，也不一定会回馈社会，这样，就很难说是创业教育的成功，因此，创业理想、创业意识、创业观念教育不容忽视。一个有社会责任感的创业教育工作者，在教学活动开始前要认真研究创业理想、创业意识、创业观念的本质及其相关问题。

一、创业理想

在创业教育工作中，最重要、也最容易被忽视的是对学生进行理想的教育培养，如果说，鼓励等主要手段表现为创业教育者对学生的外在"激励"，那么，理想教育就是将外在"激励"转化为内在的自我"激励"。只有这样，学生的创业品德和素质才可能得到普遍提高，团体精神也才可能得到培育发扬，创业教育工作的理想目标也才可能得到实现。

理想作为人类特有的精神现象，是人们对社会发展趋势的一种超前反映和对未来世界的设计、向往和追求。人不同于动物的重要区别之一在于动物没有理性，更无理想，因而它们永远生活在现存的物质世界之中。而人是理性动物，人既生活在现实中，又企图超越现实；既生活在物质世界当中，同时又以理想的精神方式享受生活。自有人类以来，理想就是人们的一种生活方式，是构成人类精神生活的一个重要方面。如果做人而无理想，就意味着人格的变质和人性的退化。

但是必须看到，理想并非古今一体、千人一面，而是形形色色、多种多样的。从理想的指向上分，有所谓社会理想、群体理想和个人理想；从理想同现实的距离分，有所谓长远理想、中期理想和近期理想；从理想形成的途径分，有个人或群体在生活中自发形成的理想和通过理性思考及系统学习形成的自觉理想；从个人理想、群体理想同社会理想的关系分，理想又存在境界高下的区别。此外，假想、空想、幻想也是理想的不同表现形式，它们与科学的理想构成了两类不同的理想类型。由此可见，人人虽有理想，但理想各有不同。以为理想只有一种或认为理想一定高尚伟大，是对理想的狭隘理解。只要是生理健康、有理智的人，都有各自不同的理想信念，而且都以不同方式追求着自己的理想目标。

创业教育工作和理想是紧密不可分割的。创业教育工作不能脱离理想。虽然创业教育工作目标的确立立足于现实，是通过分析现实中的种种可能作出规划和计划，创业教育工作计划的表现为一个环环相扣的目标链，但是创业教育工作最终要达到的目标之一，就是帮助学生树立正确的理想，成为一个有理想、有责任感的创业者。因此，支撑创业最终目标和工作计划顺利实现的关键因素之一就是学生工作中的理想和境界。

正是由于创业教育工作和理想有着上述不可分割的内在联系，学生创业者理想的培育必然成为创业教育工作第一重要的任务。在创业教育工作中，理想培育对于学生创业者具有如下两方面的激励功能。

一方面，通过理想培育，可以将学生不自觉、不系统的创业者理想上升为自觉、明晰和稳定的信念，收到持续激励学生主动性的心理效应。创业教育者在创业教育工作中，应当把对学生进行创业者理想教育作为首要工作，使学生自发的理想变成自觉的创业者，使空谈、幻想变成切合实际的、科学的创业理想，使一时的冲动变成稳定的信念，将种种心理故障转化为理智支配的执着追求。当然，这个工作相当艰巨，它是一个比一般激励手段更复杂的工作，需要的是耐心、持久和科学的方法。只要不懈努力、方法得当，就能帮助学生树立正确的理想，学生的主观能动性就会被挖掘出来，被自觉理想所支配的学生就能激励自己，而且历久不衰、愈挫愈奋。这是其他精神激励无法与之相比的。

另一方面，创业教育工作理想培育的核心、实质和终极目标是社会理想教育，离开社会理想及其教育，理想培育就失去教育的价值坐标和理想的社会意义，社会理想包括内容和形式两个方面。从内容上说，社会理想就是超越现实社会的理想社会。在形式上，社会理想是某一社会大多数人对未来社会设想的共识，表现为各种理想的共同面和彼此之间的共通点。由于受个人视野和团体利益的局限，个人在形成自己的理想或者组织对其成员进行理想教育时，往往会因为局限于个人和群体的将来而容易忽视整个社会的前途命运，这样就造成个人理想、群体理想同社会理想的偏离，产生诸如个人奋斗和各种狭隘的集团意识，显然这是与社会理想冲突的创业教育者在进行理想教育时，一定要超越团体界限，放眼社会未来，将社会同群体、环境和组织联系起来通盘考虑，帮助学生树立社会理想，只有当学生不仅热爱团体、也热爱国家，既关心自己团体的前途、更关注民族命运的时候，才可能投身公益创业、社会创业或在商业创业成功后热心公益、回馈社会；个人和团体的理想才能逐步融入社会理想。也只有这样的理想教育，才能有效地克服团体的狭隘和短视，使理想成为激发学生内在心灵的活力，实现创业教育工作的最高目标。

二、创业意识

创业意识是社会意识的一种，一切创业活动无一不是在创业意识的指导下进行的。创业意识正确与否、直接影响到创业的效率，关系到创业活动的成败，因此，研究创业意识是我们深入考察创业发生的关键，也是对历史唯物主义社会意识论必要的补充。

（一）定义

意识是人脑对客观事物的主观反映。它在社会发展中又逐渐分化为诸如道德、艺术、政法思想、哲学、科学等各类社会意识形态，共同织造了历史唯物主义所描绘的社会意识理论。

但是，有没有创业意识呢？如果没有，如何解释创业活动中的意识现象？如果有，又应如何规定其内涵、区别它与其他意识形态的不同之点？

当下的马克思主义哲学原理著作没有将创业意识作为一种社会意识形态提出来加以研究。创业的相关著作虽然经常涉及创业中的各类意识现象和创业观念，也未明确地以创业意识相称并对之进行系统考察。

意识作为与物质相对应的哲学概念，涵盖了社会领域的一切精神现象。既然创业活动是一种有目的、有计划的特殊实践活动，就意味着有一种源于创业实践又反过来指导创业活动的社会意识形态。

那么，能不能认为源于创业实践又反过来影响、指导创业实践的意识就等于创业意识呢？答案是不能。这是因为，第一，创业实践同人类大多数一般实践虽然在逻辑上可以区分开来，但在事实上却难以分开。所以，从根源上看，各种社会意识形态包括创业意识同出一源，这个源就是社会实践，它既包括改造自然、改造社会的实践，也包括以具体组织目标体现的创业实践。从起源来区分创业意识和别的社会意识形态，显然机械地割裂了创业同实践的有机联系，并不科学；第二，同样的道理，也不能笼统认为凡是影响、指导创业实践的社会意识都是创业意识。固然，创业意识对创业实践有反作用，但哪种社会意识形态又不对创业实践发生影响或反作用呢？作为世界观理论体系的哲学不对创业发生作用吗？离开了科学技术能进行创业吗？法律、道德不是作为人们的行为规范对人们创业进行约束和规范吗？就是艺术，有时也可能参与到创业实践中去。可见，凡是社会意识都对创业实践发生不同方向和不同程度的反作用，都以其特定的方式影响创业实践。以是否影响、指导创业实践来区别创业意识和非创业意识也是不科学的，这样做势必会抹杀整个社会意识对创业实践的能动作用。

那么，究竟什么是创业意识呢？创业意识同别的社会意识应有哪些区别呢？要回答这些问题，必须从创业意识的形成、作用、特点三方面加以分析。

首先，创业意识作为社会意识的一种，固然离不开一般的社会实践，追本溯源，它也是人们在改造自然、改造社会的实践中产生的。但是，培植创业意识的最切近的基础不是一般的社会实践而是人们的创业实践，创业意识只能在创业实践中形成而不能在一般性的改造自然、改造社会的实践中形成。这即是说，虽然创业实践离不开社会一般实践，创业意识同其他社会意识保持着紧密的联系，但创业实践毕竟有别于一般实践，创业意识也不同于其他社会意识。因此，创业意识是对创业实践的直接反映。脱离创业实践的人，是无法形成创业意识的。

其次，在创业实践中，各种社会意识都发挥作用。离开了人类在各类实践中积累起来的社会意识形态，无论是改造自然、改造社会的实践，还是创业实践，都无法进行。但是不同形式的社会意识，其指向又各有侧重和区别。比如，自然科学、主要被用于指导改造自然的生产实践；政治法律思想则主要被用于指导人们改造社会的社会实践；哲学主要指向人们的思想，直接改造的是人的思想观念。创业意识不同，它不是直接指向上述各类社会实践活动，而是指向创业实践活动，用于指导、组织、调整各类创业实践活动。

最后，创业实践是创业主体对创业客体的对象性活动，是创业者的能动性活动。因此，创业意识主要是创业者的意识，不是或主要不是雇员的意识。人们只有作为一个创业者的角色进入现实的创业领域，才可能产生创业的冲动、形成各类创业意识。对于处在参与地位的大多数人来说，也可能形成自己若干关于如何创业的观念或想法，但因置身于创业实践核心活动之外，这种创业意识是模糊不清、片面零散的。所以说创业意识主要不是作为一般社会实践参与者的其他社会意识，而主要是创业实践者所拥有的创业意识。

综上所述，我们可以把创业者在创业实践中直接形成并反过来直接影响、指导创业实践活动的创业心理、创业观念、创业理论、创业方法统称为创业意识。

创业意识作为一种相对独立的社会意识形态，具有不同于别的社会意识的若干特点，主要表现为以下几个方面。

第一，普遍性。社会意识的各类形式都具有一定的普遍性。而创业意识则与人类创业活动紧密相连，普遍存在于社会各类实践领域，具有普遍性。创业意识随着有组织的人类创业活动的出现而产生，随着它的发展而发展，与社会相始终。从各种社会意识形态所反映的空间来看，哲学、道德、创业意识普遍作用于社会生活的各个领域；艺术、政治思想则只对某一特殊社会实践起作用。科学是个总概念，不同学科的科学技术也只适用于特定的实践活动，这四者都不如创业意识普遍。所以说，创业意识具有普遍性。

第二，综合性。社会意识作为对社会存在的抽象把握和主观反映，都有一定的综合概括性，但各自的综合概括程度又有差别。其中，哲学是对各种知识的最高概括。道德作为人们行为关系的总规范，对涉及人与人利益关系的方面作出规定，但显然只是从社会特定方面进行某种综合。政治法律也是人们的行为规范，所综合规定的方面比道德还窄。艺术通过形象情感语言来传达表现作者的愿望，与概念综合离得较远，综合只是典型的塑造或人物性格的"综合"。各门科学对某一特定领域的特殊规律进行抽象反映，是一个方面的综合。创业意识则不然，它要对各类实践活动进行计划、组织和控制，就必须综合运用多学科知识。以生产型企业创业为例，创业者不仅要了解企业生产经营的一般过程，需要掌握有关的科学知识；还要了解人，需要了解一系列涉及人的生理、心理、伦理、信仰、价值观念、行为规律的知识。不仅要审时度势、发现问题、及时做出战略决策，需要运用哲学、政治学、法律学；为保证决策能顺利实施，还需要运用诸如数学、统计学、会计学、审计学等知识来制定计划和对计划实行控制；可见，创业需要综合运用尽可能多的各门知识，创业意识是各门知识的综合运用。在社会诸意识当中，如果说哲学是对各门科学知识最高的综合概括，创业意识则是对各门知识广泛的综合吸收和综合运用。

第三、应用性。各种社会意识既是对社会存在某一侧面的主观反映，表现为特定的知识体系；又反过来影响和指导人们的某类实践，具有不同程度的应用性一般来说，综合概括性越高的意识形态，距离现实越远，其间的中介越多，应用性越弱；反之，综合概括性越低的意识形态，离现实越近，其中介越少，应用性越强。创业意识作为一种特殊的社会意识，既具有较高的综合性，又具有直接的应用性。这是因为，创业意识是在创业实践中产生并直接服务于创业实践的意识形态，创业活动需要的不是远离现实的抽象理论，而是经过创业者加工过滤过的可以直接进入创业过程的具体意识。也就是说，创业过程一方面必须广泛吸收诸如哲学、科学、政治思想、道德以至艺术等意识形态；另一方面，这些意识又不能直接适用于创业，而必须通过创业者的过滤加工，选择综合，转换成可以直接用于指导创业活动的创业意识，从而使创业意识具有鲜明的应用性。可以说，创业意识是由抽象层面的社会意识走向具体层面的社会意识的思想通道，在这里意识的抽象性和具体性得以对接。如果看不到这种特点，以为任何社会意识都可以直接运用于创业，其结果必然是目标模糊、计划抽象，使创业者无所作为。同理，如果指令不清、控制随意，雇员也无所适从。

（二）形式

在创业实践中最初形成的创业意识是创业心理，它大致包括需要、动机、意向、情绪、情感、意志、信仰、习惯等形式。创业需要是由创业者的本能和职责引发的创业欲望，它同人的其他需要相类似，既具有强烈的内在冲动，但又缺少明晰单一的目的指向。处在创业需要的心理阶段，创业者主要受较长期思考形成的潜化意识的支配，本能地生发出多种创业欲望。事实上，这种心理活动不能用生物学来加以解释，它与人们由生理本能产生的生存需要和安全需要不同。大量的创业经验也证明，长期参与商业活动、积累了大量创业实践经验的创业者，创业行为在不知不觉中已成为他的潜化意识，成为一种职业的习惯或"本能"的需要。可以说，这类人只要处在创业者地位（有时甚至不处在创业者地位）自然而然地就会有这种冲动。

创业需要的定向化是创业动机和创业意向。创业行为需要作为一种自发的内在冲动，是意向不明、不断转移的心理活动。如果没有外部环境起作用，那么创业者将永远停留在这种躁动不安的心理境地。但事实上这是不可能的，因为创业者不可能将自己封闭起来，而是要受到外部环境各类信息的刺激。一旦某一信息反复刺激创业者而使他将注意力逐渐集中到解释这一信息的时候，便出现人们常说的"问题"或心理学上所说的"情结"。问题是指现实和需要的差异，情结是指反映问题的矛盾心情。这时，为解决问题或解开情结，原有的变动不定的需要心理开始平静下来，交错出现的不明晰的目的指向逐渐转移到问题上，从而形成有明确指向的动机和变成解决某问题的意向。当然，作为创业心理的动机和意向也具有不稳定性。尽管如此，动机和意向又是创业意识形成的一个不可缺少的环节。没有它，不可能产生出创业的其他意识。动机和意向引导创业者如何看问题，准备选择解决何种问题。如果在动机和意向上出了偏差，比如他所期望的目的根本不可能实现，创业者就会走偏方向而使创业实践成为不可能。

创业者作为人，还有情感和情绪。情感是在人与人的交往过程中形成的心理定式，它表现为对某些人的偏爱、信任，同情、感激以至于崇拜信仰。情感是一种外显的心理倾向，是指人们在长期交往中形成的亲和力；情绪则是一种内隐的心理定式，是由内外环境刺激产生的某种心境或心绪，主要表现为喜、怒、哀、乐。

在创业实践活动中，无论是创业者或雇员，绝不可能没有情感；任何一类创业活动，也不可能完全摒弃情感。诚然，创业者如果仅凭情感而不用理性来处理创业活动中的人和事，或者将私人情感带到公共事务中，对创业将是十分有害的。但是还应看到，情感对创业也有助益。在创业者之间，多一些情感就少一分摩擦，情感在这里是创业团队的黏合剂，具有无可取代的凝聚力。在创业者和雇员之间，情感是沟通上下级之间的心理通道，是创业者了解下情、激励雇员必不可少的武器。大量创业实践也证明，凡是情感丰富并善于控制情感的创业者，不仅能团结其他的创业人员，形成一个关系融洽、无话不谈的有战斗力的创业团队，还能在雇员中树立良好的形象，使他们乐于听从他的指挥。相反，一个缺乏情感的创业者必定是一个孤芳自赏的人，他既不可能赢得创业合作者的信任，更不会得到雇员的理解和支持。可见，情感是创业者不可或缺的心理，创业不在于有无情感，而在于如何培养情感和正确投入情感。

在创业中，不论是创业者还是雇员，常常会受环境的刺激而引起情绪的变化。情绪不同于情感，它对创业弊大于利，特别是对于创业者，千万不能为情绪所左右，不宜带上浓重的情绪来进行创业，这是因为：情绪作为一种心理活动，是一种受环境左右的变动不定的无意识现象，它与理性不相容。尽管喜怒哀乐可能激起一时的激情，在创业中发挥出冷静时无法发挥的积极作用，但因它缺乏理智的支配而不可能持久并具有随意性，任其发展不加控制就会将创业者变成情绪的奴隶，使创业归于失败。可见，创业者不可无情，但这个情是指情感而作情绪，情绪型的人是不宜充当创业者的。作为一个创业者，应当尽量避免将个人情绪卷入创业工作，做到范仲淹说的"不以物喜、不以己悲"，学习林则徐的"制怒"。碰到困难不要消极气馁，取得成绩不可妄自尊大、目空一切。要做到这一层很不容易，需要在创业实践中经历长期的修养磨炼，学会一整套现代心理自我调节方法。

属于创业心理的还有意志和习惯。所谓意志，是指向明确的行为目的的心理机制。所谓习惯，最初是指人们思想行为的常规或定势，这里专指思维定式或习惯思维。

创业作为一种组织目的性活动，决定参与创业的人必然形成实现创业目的的创业意志。创业意志主要有三个特点：一是明确的目的性；二是判断是非的果敢性；三是迎战挫败的坚韧性。在创业实践中，创业意志的积极作用是非常明显的，这是因为，创业是一个步步逼近目标又常常遭受挫折的风险过程，为使创业能按预定目标继续下去而不致中断，创业者必须具有坚强的创业意志。如果意志薄弱，在挫折面前就可能观望退让、对创业丧失信心。只有具备坚强的意志，认准了的目标决不改变，才有希望达到胜利的彼岸。当然，由于意志是一种缺乏理性自觉的心理机制，单凭意志并不能保证目的正确；如果意志很坚定而拒绝理性的介入，那么即使当实践证明目的不对也会顽固地坚持下去。可见，意志在创业中虽很重要，不过应使它理性化，创业仅靠个人的坚强意志而不注意根据情况随时加以调整，那么顽强则变为顽固、果敢将流于武断。

习惯是在多次实践基础上形成的行为定势和思维惯性，它以固定的经验为根据。当人们主要凭借经验而不是凭借理性来行动的时候，就停留在习惯的心理水平上。所以，经验和习惯是难以区分的创业者通过多次创业实践，不知不觉中就会形成一套自己的创业经验或创业习惯，其中所包含的难以理喻但又实际发生作用的意识形态为习惯心理。习惯心理在创业中的出现既具有必然性又具有诸多积极作用：首先，它作为一种感性经验，与创业实践最接近，反映创业实践的问题最快捷。创业中许多常规问题主要是通过创业者的经验习惯及时加以处理的。如果创业者缺乏经验而未形成创业的惯性思维，就不可能对纷至沓来的问题做出快速反应，必然事事请示或拖而不决。其次，习惯是理性的基础。大量事实表明，一切创业理论的产生，都不能脱离对创业经验的总结。创业者的创业经验越丰富，对他学习、接受创业理论就越有利。一个没有创业经验的人，尽管他也可以从书本上学到创业理论，但不能真正理解这些理论，更不可能切实运用这些理论。所以，经验习惯对于创业者是十分必要的财富。不过，创业习惯毕竟是非理性的创业心理，它也有局限性：第一，习惯心理是一种心理惯性，它对创业者的创造性思维有一种天然的抑制作用。如果固守经验，由习惯来支配创业，创业方式只能简单重复，组织也很难得到迅速发展。第二，经验习惯只是对过去创业实践的总结和重复，缺乏对创业发展新趋势的预见功能。如果因循经验习惯，就只能往后看而不会向前看，结果必然因目光短浅驾驭不了多变的创业环境。

上述各类创业心理的积淀就是创业观念。观念在广义上本来泛指意识。这里所说的观念是狭义的，它是指在感性经验基础上形成的融入了若干理性因素的固定看法或根本观点。创业观念作为创业意识的一种，是介于创业心理和创业理论之间的一系列关于创业的根本观点，主要包括创业价值观、创业决策观、创业人性观、创业组织观（团体意识）、创业效益观等。同上述各类创业心理相比较，创业观念不表现为纯感性而有一定的理性渗入，包含着对事物的深层理解；不是对客观对象的直接反映而是间接反映，表现为对过去的反思和对将来的向往；不是由刺激而引起不稳定的心理活动，而是对根本问题的持久稳定的心态或倾向。因此，创业观念在创业活动中的地位特别突出，它潜存于创业者和雇员的意识深层，从根本上左右或影响着他们的行为。

创业意识的第三类形态是创业理论，这是创业意识的理性表现或逻辑系列。同创业心理诸形式和创业观念相比较，创业理论具有如下特点：第一，它反映的不再是创业活动的表象而是它的本质和规律，具有本质的深刻性；第二，它不像创业心理那样多变易逝，具有相对的稳定性和持久性；第三，它是对创业实践的抽象概括，具有抽象性和普遍性。可见，创业理论是更高级的创业意识。创业者如果仅凭创业心理或创业观念去指导创业活动，终生勤劳也不过是一个经验主义者，不可能达到高度的自觉并作出新的贡献。只有学习科学的创业理论，自觉地以有关的理论来武装自己的头脑、指导自己的创业行为，才有可能成为一名合格的现代创业者。当然，正像一切理论一样，创业理论也有它的局限性，这主要表现为任何创业理论只能是对创业实践一个方面的本质或事物某一本质层次的抽象，只能近似正确地反映对象。另外，由于创业理论是以纯概念的逻辑方式来反映创业实践的，二者之间横隔着层层中介，要运用它来指导创业实践，还必须将其转化为创业方法。

所谓创业方法，是各类创业意识的具体化、程序化，特别是应用创业理论的方式或模式。而按照方法的特性来区别，又可以划分为数学方法、系统方法、经济方法、行政方法、伦理方法、心理方法等。

综上所述，创业意识按其发生、发展的时间作阶段划分，可以区别为最初的创业心理，其后的创业观念和再后的创业理论，最后是创业方法。

三、创业效益观

效益一词源于效率。效率最早是一个物理学概念，它是指功能转换的比率。比如热效率，指的是所消耗的热能和转换成有用的热功的比率，转换的比率越大，就意味着效率越高；反之，比率越小，效率越低。

由效率引申出的概念是经济学中的经济效率或经济效果。经济一词含义丰富，而其中一个含义即投入小、产出多。所以，经济或经济效率的意思与物理当中的效率很相近，指的是生产的使用价值和所耗费的劳力、物资之比率，所耗少而产出多就说明经济效果大，而耗费大产出少则意味着经济效果差。

无论是物理学所说的效率还是经济学上所说的效果，都是人们对物质转换过程中功用价值的客观描述。某台热机的功率是多大，某项生产活动的经济效果如何，是一个客观存在的事实。因此，效率或效果是自然科学或经济科学的概念，与人们对它的主观评价无关，效率的大小或效果的好坏绝不以人们的好恶为转移。

而效益则不同。效益既包括客观存在的效率（如行政工作效率）或经济效果；还包括人们按一定价值观对效率或效果的主观评价。某种效率如果对人有用，即是效益；如果无用或有害，就叫无效益或负效益。可见，效益既不等同于效果，不是一个纯粹的科学概念；但又离不开效果，不是一个纯价值概念。效益概念包括着人们对客观结果的事实判断和价值判断，可谓集"真""善""美"于一身。

创业作为一种特殊的社会实践，其最终目的就是追求创业的效益。而要提高创业效益，就应对效益观进行专门的研究。

正确的创业效益观首先应关注效率问题。创业作为一种特殊实践，其目的之一就是通过合理的计划、恰当的组织、有效的指挥和及时的调控等方式，实现创业目标。

创业有无效益，首先要看所创业的实践活动的客观效用如何、效率怎样，或者说是否"经济""划算"。如果经济划算，投入少、产出多，就叫有效或提高了效率；如果投入多、产出少，就意味着不经济不划算，或叫无效劳动、"赔本买卖"。显然，无效谈不上效益，效益是以效率为前提的。如果脱离效率谈效益，我们的价值判断就失去了事实标准而流于主观。

但是效率又不等于效益，效益是符合组织目的和社会目的的效用。因此，正确的创业效益观还包括对创业效率的肯定性评价，即对这种客观效率进行有益或无益的认定。那么，究竟什么样的效率才称得上效益？抽象地说，凡是人们实践创造的结果，对人总是有益的。但具体分析便可以发现，因为人与人有不同的目的需要，存在着不同的价值标准，对同一客观效果必然会出现评价上的差异，在一部分人看来是有益的效率，另一部分人则可能认为无益甚或有害；反之亦然。这样，确立正确的评价标准就显得十分必要。

首先，评价某一创业实践活动效率有益或无益，不能以对个人或少部分人是否有益为标准，而应以对组织中的多数成员是否有益为标准。如果某一创业实践活动效率仅对少数人有利而对多数人有害，这就叫有效率而无效益。反之，只有对多数人有益的效率才可称为有效益。

其次，评价某一创业实践活动的效率是否有益，不能单从经济效益着眼，还应考虑它的社会效益、道德效益和精神效益。所谓经济效益，是指对人们物质生活的有益性，它所满足的是人们的物质欲望。但人们除了这种基本的需要外，还有社会的、伦理的、精神的各种高层需要。如果某项创业使人们物欲横流，道德沦丧、精神生活极度空虚，也不能被认为有社会效益。这即是说，判断一个组织的创业实践活动是否有益，不仅要看它的效果是否有益于人们的生理健康，还要看它是否有利于人们的心理健康；不仅要考察人们的物质财富是否增加，还要看人们的道德水平、文化修养、社会责任感是否提高。

再次，判断创业的效益不能只着眼于眼前利益，还应考虑到未来利益。这是因为，地球上的资源有限而非无限，人们对其开发利用不能只顾眼前而不顾子孙后代。掠夺式的开发和短期行为的创业方式，所得的只是眼前的高效益，而对于将来的社会和人类的发展却是一种犯罪。创业者如果缺乏这种效益观，即使他可能轰轰烈烈于一时，并受到一部分人的拥戴、但随着时光的流逝和交往范围的扩大，必将受到历史的裁判和民众的唾弃。

最后，创业的最终目的是人，创业实践活动是否有效益，最终还要看是否有利于人的完善和发展。马克思主义认为，一切实践活动都是发展和完善人类自身的手段，人是一切活动的最终目的。因此，凡有利于人的全面发展的创业实践活动就具有最大的效益，反之，一切压制人、摧残人，不利于人的发展的创业实践活动，尽管它具有别的功用价值或政治效益，却不具有最高的社会价值或人道效益。因此，有责任感的创业者应以人为目的，不允许将人当作谋求某种其他效益的单纯的工具。这就要求创业者必须确立正确的效益观。

可见，创业效益观是一种极其复杂又至关重要的创业观念，它涉及创业中"真""善""美"的统一问题。因此，创业者必须以人为目的、以人为中心，正确处理人与人的关系，提高人的创造性和积极性。

第二节　创业决策能力教育

一、创业预测

决策作为创业的重要职能和创业过程的起点，是由一系列复杂的超前思维活动构成的。它首先又表现为创业预测。只有在预测未来的基础上，创业者才可能确定创业的目的，制定、选择和计划实现某一目的的行动方案，从而使创业成为可能。研究预测是考察决策思维的起点。

所谓预测，是人们运用在以往实践基础上形成的经验、理论、方法对事物发展未来趋势的分析、论证、推测和预料。创业预测则是创业者运用自己过去的工作经验和理论，通过搜集有关信息，推测、预料创业系统在未来将面临哪些问题，其发展前景如何，有哪些可能发生的情况，以及其中哪一种可能最大，从而为决策提供依据。

预测作为人类认识世界的一种特殊形式，不仅与其他认识活动一起产生和发展，而且具有与其他认识活动不同的特点。

首先，预测具有可靠性。预测同一般的认识活动的不同之处在于，其他大量认识是人脑对客观事物的现场反映；而预测不是对现存事物的反映，而是对事物未来的种种发展趋势做出推断和猜测，是由已知到未知。任何事物的发展都要经历由可能到现实的过程，现存的事物中都蕴含着未来事物的根据或胚芽。如果人们不是从主观愿望或可能出发而是从现实根据出发，同时又不违背人们在为数众多的实践中所形成的逻辑规则，而按严格逻辑程序对潜在的根据进行科学推导，那么，人们就一定可以从已知推导出未知、从今天预知明天。可见，科学的预测是合乎辩证唯物主义认识论的，具有科学上的可靠性。创业预测是以现实为根据，数据可靠、方法正确的科学预测，其推断的结果大致是可靠的。

其次，预测具有超前性。预测不同于别的认识活动，还表现为它不是事后思维和当下思维，而是超前思维。所谓当下思维，是指人脑对当时刺激自己感官的客观对象的直接反映。所谓事后思维，是对已发生的感觉知觉进行回忆、联想和事后理性加工，包括表象、理性认识以及反思等间接反映。这两类思维都是从客观到主观，都以客观事物作为思维的基础。而预测在形式上刚好相反，它既不是对现存事物的现场直观，也不是对过去事物的回忆、整理和反思，而是根据已有的认识去分析现实中客观存在的"根据"，推断事物将来发展的各种可能，以建构现实中尚未出现的未来事物的轮廓，为人们的认识活动和实践活动提供先导。预测的超前性，充分反映了人类意识的能动性，使人类认识与动物的心理严格区别开来。预测的准确度和预测期的长短，又将人类不同时期的认知能力区别开来，预测的超前性并不违背唯物主义的反映论原则，也不意味着预见者可以脱离实践、仅由主观去预言未来。在创业中，预测必须以现实为出发点，预测者用以预见的理论、逻辑，预测时所必须搜集的信息，都是实践的产物或是对现实的反映。

再次，预测具有试探性。预测既然是对本来多种可能性的分析推测，就不可能做到准确无误、十分具体，而只能是大致的估计，并带有试探性质。因为在创业实践中，创业预测主体不可能对未来的发展做出确凿无疑的认识，只能预测到总的趋向。同时预测的客体处在经常的变化之中，尤其是人参与的社会，其变化的随机性更大，不可能使预测准确无误。因此，创业者为了在创业中居于主动，一方面不能不对未来进行预测，另一方面又受主客观的双重限制，不可能对未来预测得完全准确，只能"摸着石头过河"，依靠预测对未来作试探性的认识；因为创业预测带有试探性就断言预测完全不可靠的观点固然不可取；同理，要求创业预测百分之百的可靠，也是不符合科学的。

最后，预测还具有概率性和不精确性。所谓概率性，是指正确的预测与预测方案总数的比率。所谓不精确性，是指预测正确的程度不可能是百分之百，或者说只能预测事物发展的总趋势或大致的轮廓，而不能正确估计到它发生的准确时间。发生的每一步骤和每一细节，预测的概率和精确度是随着人类认知能力的提高而增大的，但无论如何，既然是预测，就必然具有不精确性，其概率不可能是 1。预测这一特点决定了它永远不可能像人类其他认识那样，最终可以用自然科学的精确眼光对之进行定量描述。

预测作为人类认识的一种特殊方式，不仅具有上述各类特点，而且在人们的认识特别是创业活动中发挥着独特的功能。在创业决策过程中，创业预测的作用主要表现为以下几点。

第一，分析创业环境的变化趋势，为创业者确定下一步的创业目标提供背景。创业实践活动是存在于一定的社会环境之中的，社会环境虽有相对稳定的一面，但同时又处在经常的变化当中。这种变化在创业领域更为明显。创业者在制定新的决策以确立下一步工作目标时，不能只从自身的主观需要出发，而应考虑外部环境提供了多大可能。这样，决策的第一步就要了解环境、预测环境变化的各类趋势，使决策能适应变化了的环境条件，以便提出可行的创业目标。每一个创业组织所处的环境都有所不同，如果不调研分析自身环境的变化，决策所需信息的客观性就很难保证。

第二，分析组织系统的结构功能变化趋势，为创业者制定和选择行动方案提供组织依据。创业系统既有稳定的一面，同样也处在经常的变动之中。为了确定工作的目标，决策者既要了解、预测外部环境，还要了解、预测内部动向。例如，在即将开展的项目中，雇员怎样想，有多大的积极性？需要多少资源、人力和资金？组织有无能力达到新的目的？因此，只预测外部环境是不够的，还应预测组织系统的未来状况。如果只有对外部环境的了解而无对系统内部的了解，这种预测是片面的。只有充分了解内外因素，才能进行参照比较，从而进行决策。

第三，无论是对外部环境还是对创业系统内部未来发展趋势的预测，都需要全面占有材料、广泛搜集信息，对事物发展的多种可能性做出详尽的分析。首先根据取得的信息，分析有无实现目标的可能性，如无可能，坚决放弃；其次分析可能实现的目标有几个，并比较其利弊之大小和实现这些目标需要哪些条件，为决策者择优提供资料；最后，对有利的、成功把握大的可能性，还应进一步区分实现目标所需的时间，为决策者制定创业计划提供依据。

创业预测是一项十分艰巨的认识活动，创业预测的方法很多，有凭经验的预测和凭理论的预测，有定性的预测和定量的预测。当内外环境变动不大，预测的目标时间又很短时，凭创业者的经验就可以进行预测。而如果内外环境变化明显，预测目标时间过程较长，就不能仅仅凭个人经验而应集中各方面力量的智慧，严格按科学方法进行。

二、创业决策

预测作为创业决策过程的起点，其功能在于为创业者提供一幅创业系统未来发展的模糊前景，指出种种可以估计到的可能性。在此基础上，创业者根据可能和需要制定和选择对策的活动过程，即狭义的创业决策。创业预测要解决的是创业的前景，向创业者展现创业组织将面临的种种问题。而创业决策则是针对某一与创业有关的问题制定和选择对策方案，并以此制定以后创业活动的方向和行动原则。

决策也是一种超前思维，同预测相比较，它有着如下几个鲜明的特点。

首先，决策具有鲜明的目的性。人的认识活动都有目的性，但不同认识的目的性的明晰程度又有区别。预测的目的是猜想未来工作中的可能性，为决策服务。由于未来充满种种可能性，因而预测只能是模糊的、不具体的，决策则不可能是模糊的。创业决策是针对与工作组织系统未来发展关系最紧密、意义最重大的某种可能的对策性思维活动。因此，决策的目的不是模糊的而是具体的，不是多元的而是单一的。所以，创业决策具有鲜明的目的性。如果进入决策阶段，创业者还未确定具体的组织目的，或者说对决策的目的还不清楚，而处在模棱两可的思维状态，决策将是无法正常地进行的。

其次，决策具有选择性。要使预测可靠，一条重要的原则是必须广泛收集信息、全面占有材料，尽量避免以创业者的个人好恶选取材料。决策必须进行选择。一方面，为了将来开展有成效的活动，创业者首先必须在预测提供的种种可能性中进行目的选择，即选择某一种与组织系统未来发展关系最大的可能性进行深入考察。没有这次选择就提不出问题，也无法确定组织目的。另一方面，为解决某个问题，实现某一目的，创业者还必须通过深入研究，制定各种对策方案，并在此基础上进行择优。没有择优就等于取消了决策，抹杀了创业决策存在的意义。

最后，决策具有思维的明晰性和行动的可行性。决策思维不同于预测思维之处，在于后者是一种模糊性的思维状态，不可能是很明晰的。决策与计划相比，它只是为达到某一目的的行动方案，不如计划具体详细，但与预测相比又显得具体明确。预测是对组织环境和系统组织发展未来多种趋势的总体推测和预估，因此只能是大致的，没有必要对每种可能的细节做出十分具体明确的说明。决策是选取某一种可能性并设计如何解决某一问题、实现某一目标，因此停留在预测的模糊思维水平上是不行的，必须进一步使之具体化，尽可能考虑到创业活动的每一步骤和基本方法。决策思维是较预测思维具体的思维，不仅要选择确立某一目标，还要设想、研究如何实现这一目标的多种办法或方案。这样的决策才能用于制定计划、指导创业实践。

决策是一个发现问题、分析问题、确立目标、研究对策的复杂思维过程。所谓发现问题，是在预测的基础上，找出哪类或哪个问题与系统组织的未来发展关系密切；所谓分析问题，是对某问题产生的原因和导致的后果进行分析和研究；所谓确定目标，是通过解释问题找到"实然"和"应然"之间的差距，确定创业组织今后向什么方向努力；所谓研究对策，是根据今后的工作目标研制多种实施方案，并在比较论证的基础上进行最佳选择。在发现问题时，需要创业者不被表面现象所迷惑，能准确敏锐地找出与创业目标关系最密切、实现的可能性最大的信息。分析问题则要求追本溯源，预想后果，切忌就事论事，确立目标必须比较利弊得失、分析有无可能和可能性的大小。至于制定各种对策和最后选择最佳方案，则需要以仔细的调查研究为基础。

创业决策可分为个人决策和集体决策、经验决策和科学决策、确定性决策和不确定性决策以及风险决策等不同类型。

所谓个人决策，并不是只有一个人参加决策活动，而是指决策方案的选择权控制在一人的手中，由一个人做出最后决定。集体决策是由两人以上的集体共同讨论、协商各类备选方案，最后以多数人的一致意见决定某一方案。集体决策是一种民主决策，而个人决策可能不是民主决策。如果决策者个人不广泛吸取专家们的意见、决策方案由个人制定，这就是个人专断，当然谈不上民主决策；而如果是在智囊团独立研究的基础上再由一人做出最后决断，也是一种民主决策。个人决策和集体决策各有优劣。个人决策的优点是决策程序简短快速、机动灵活，适用于环境变化太快或环境相当稳定的两种情况，缺点是受个人的主观局限，稳妥性不够。集体决策的优点刚好是对个人决策短缺的补充，因为人员较多考虑问题自然就会更全面，对创业中重大问题的决策最好采用创业组织核心层集体决策而不是进行个人决策。集体决策的缺陷是决策周期长、环节多、个人责任不明确，容易导致议而不决、互相推诿、延误时机的不良后果。无论个人决策还是集体决策，就选择决定某一工作方案而言，都只由少数人来承担，决策者只能是少数而不可能是多数，否则便无法决策。

经验决策和科学决策是两种比较典型的决策思维模式。经验决策是创业者主要依赖于经验对多种方案进行比较判断和选择，具有直观性和非定量性等特点。科学决策是创业者以创业相关理论为基础，运用逻辑的思维方法，对各种方案进行系统全面的科学论证，严格按科学的程序办事。随着时代的发展，经验决策的主导地位正在逐步下降，科学决策越来越广泛地被采用。科学决策必须以掌握事物发展的客观规律为前提，以严格的思维逻辑为基础，并借助于数学模型进行定量判断，但是，无论科学如何进步，人类总有未知的领域、未发现的规律。即使掌握规律，有时也不能达到定量把握的高度因此，在创业中不能全凭科学决策，而仍须借助经会决策。特别是对于情况多变的学生创业工作，科学决策是难以解决全部问题的。这时，充分发挥创业者的经验、直觉、灵感、知识和胆略的作用，对于做好决策意义重大。

根据创业主体掌握决策信息的多少和实现创业目标的难易程度，创业决策还可划分为确定性决策、不确定性决策和风险决策。所谓确定性决策是指信息占有充分、因果关系明朗、对工作目标有十足把握的决策，这种决策很稳妥、无风险。如果信息占有极不充分，因果关系不明朗，对工作目标结果把握不大但又不得不进行决策，就是不确定性决策。这种决策所冒风险极大，在创业中很少使用。介于上述两种决策之间的决策模式就是风险决策。这里的所谓风险，即指决策主体不可能准确地预测到未来各种可能发生的情况。所谓风险决策就是分析各种可能性，拟出各关键变量的概率曲线，了解选择多类行动方案所冒风险的性质和大小，然后根据风险的大小和所冒风险的价值作出最后决策。风险作为一种客观存在，决策者是无法完全回避的。对待风险可以采取以下四种对策：一是风险太大，加以回避，转而选择风险较小的方案；二是风险太大，收益也很大，值得一试，不惜铤而走险；三是转移风险；四是尽量减少风险。当风险既无法避免又无法转移时，决策者应尽量设法寻找减少风险的措施，在选择方案时应考虑某方案有无减少风险的可能。选择何种对策，不仅取决于决策者对风险的概率测算，还取决于决策者的胆略、魄力和权限。比如，如果某个决策方案成功的可能占60%，有的人敢于冒40%失败的风险选择它，而有的人则不愿冒此风险。这往往与不同创业者的性格有关。

通过对各种决策属性的分析不难看出：创业决策过程不仅是决策者认识客观可能性的认知过程，同时也是根据效益原则优选最佳决策方案的价值判断过程。决策思维既要尽量做到主观符合客观，要对各种可能做出准确的事实判断；又要使客观可能符合主观需要，选择投入少、效益大、风险小的创业方案。

三、创业的计划控制

计划作为广义决策的一个环节，是决策方案的具体化和秩序化。通俗地说，计划就是决策者为实施具体决策方案而对组织成员的各种活动所做的统一部署和具体安排。其作用在于使决策落到实处，将决策转化为可实施、可操作的行为依据，并以此对组织成员的行为进行定向控制。在创业实践中，决策和计划是两种基本职能。事实上，决策和计划是两个既有联系又有区别的范畴。一方面，决策中包含计划的因素，制定任何一种决策方案都离不开对如何实现组织未来目标的谋划和安排。如果没有一定程度的计划，决策就只停留在抽象的目标设定上，势必不成其为决策；另一方面，计划本身就是被选定的决策方案，或者说计划是被具体化了的决策方案。当创业处于决策阶段时，需要通过多种决策方案或较抽象的行动计划来表现决策者的想法。而当某一方案被选定并具体化后，就成为计划。决策是计划的根据和前提，或者说是偏重定性的计划；而计划则是决策的结果和升华，或者说是细密周详的定量化决策。

但是，计划与决策相比，又有质的区别。计划的思维特征大致可以包括以下几点。

第一，具体性。决策思维与预测思维相比较虽有一定的具体性，但仍显得较抽象。决策方案对未来目标的设定和实现目标的方法步骤只能是大致的轮廓，计划则不同，计划是决策的实施方案，它不允许方案停留在一般的设想层面上，而必须对组织活动的全过程作出明确具体的规定。因此，计划所要求的不仅是关于组织未来目的和任务的说明，重要的还在于编制出实现这一目标所应采用的战略、策略、方法、步骤和时限。如果说被选中的决策方案仅仅勾画出组织未来活动的框架，那么计划则是在此框架内添加材料，使之成为可使用、可操作的行动模型。倘若计划停留在抽象的层面而不具体，就无法指导创业组织成员的行为。

第二，程序性。计划既然是组织成员完成创业目标的指南和依据，它就必须具有可操作的程序性。所谓程序性，是指事物进行过程中各类活动先后发生的顺序。计划的程序是指计划为组织成员和组织系统预先规定的各类工作顺序及其转换、前后衔接的原则。任何组织为实现某一工作目标，必须对组织行为在时间上加以合理分割并使之紧密衔接。如果不做阶段分割或分割不合理，或虽然分割合理但前后衔接不上，就将导致创业实践活动出现混乱局面。计划的一项重要任务，就是编制出合理可行、省工省时的工作程序，对先做什么、后做什么、各项工作花多少时间、投入多少人力物力以及前后阶段的工作如何衔接过渡等细节，尽可能做出明确详尽的规定。

第三，可控性。计划的可控性主要包括目标控制、预算控制、资源控制、时间控制和计划监督五项内容。所谓目标控制，就是根据计划确立的创业总目标层层确立各子系统的具体目标，制定创业组织各部门的分计划，使各部门处于具体计划的控制之下，从而保证总计划的落实和总目标的实现。预算控制是传统的一种常用的计划控制方法，是以数字形式将计划分解为各个部分，并通过制定与计划有关的预算表，限制执行计划中偏离计划的行为。资源既包括各类物质资源，也包括人力资源。资源控制就是按计划配给创业组织各部门必需的资源，防止资源分配不公造成的资源浪费和组织混乱。时间控制即对创业组织各部门的工作时间预先作出规定，并根据跟踪情况加以调整，使各部门协同工作、各阶段紧密衔接，从而保证计划在规定的时期内完成。计划监督是计划控制的重要方面，其主要做法是增大创业具体计划的公开性和透明度，树立计划的权威性，引导整个组织人人按计划执行，人人以计划相互督促，使计划转化为一种自觉的组织意识。

　　计划作为指导具体创业实践活动的依据，具有定向、指导、控制、调整以至创新等多种功能。所谓定向，是指计划为创业实践确定了明确的工作方向，规定了一定的任务；所谓指导，是指计划为创业活动规定了基本的操作原则和工作程序；所谓控制，是指计划对组织系统各要素的活动幅度、活动节奏以至时机时限起着限制作用；所谓调节，是指通过计划的相应变化或部分修改，对组织各部门的关系、系统的总体结构加以调适，以协同系统和谐有序地运作。

　　综上所述，创业意识在指导创业实践的过程中，分别表现为预测、决策、计划三种思维形态。预测是对创业实践多种发展趋势的大致估计；决策是通过深入的比较分析，逻辑论证并根据组织需要对多种可能性进行的判断和优选；计划则是将决策方案进一步具体化、程序化，使之成为可操作、可应用的活动规则及工作指令，以便引导组织成员的参与活动，这个过程既是思维由抽象而具体的升华进程，也是自主观而客观、从精神变物质的过程。

第三节　创新创业教育工作方法探索

　　方法是主体实现目的的手段，或是主体能动作用于对象性客体的各种工具的总称。无论是认识世界或是改造世界，人们都必须借助一定的物质手段或精神工具，离不开相应的方法。没有方法或方法不当，人们就寸步难行、一事无成。创业教育工作作为学校教育工作领域特有的一种对象性活动，自然也依赖一定的方法，这即是工作方法。不过，究竟什么是创业教育所需要的工作方法，不同方法之间有何联系与区别，以及如何正确选择和恰当运用众多的创业教育工作方法，是一个十分复杂的方法论问题，需要进行深入分析与探讨。

时代的进步和科学技术日新月异的发展，一些前人未知的领域和前人没有采用或无法采用的方法逐步被人认识，并运用于创业教育工作实践。正是这些伴随新兴科学技术产生的创业教育工作方法逐步被人类认识和运用，创业教育工作活动才跃升到一个新的水平，并日臻完善和富有时代特征。因此，研究现代条件下创业教育中的技术方法意义重大。

一、创业教育工作方法及其系统结构

创业教育工作作为一种特殊的教育实践活动，必然有其经常使用的工作方法。但是在如何认识和界定创业教育所需的工作方法的问题上，需要进行认真的探讨。

首先必须指出，创业教育工作方法不是创业教育工作活动中人们所采用的一切方法，而只是创业教育者在开展创业教育活动中涉及工作的方法，特别是创业教育工作中如何做好教学工作的方法。创业教育工作作为一种实践活动，是创业教育工作主体和创业教育工作客体的互动过程。在工作过程中，创业教育者和学生都在活动，两者都有自己作用的对象，同时也都借助于一定的方法。那么，是否可以认为创业教育工作活动过程中人们所采用的方法就是创业教育工作方法呢？因为这种观点是不正确的。因为，学生在创业教育工作过程中虽然也在活动，但他们是在教师的引导下参与创业教育工作的。创业教育者的工作才是创业教育工作的重点，是引导学生树立"三观"、提高创业能力的特殊实践活动。因此，只有创业教育者的行为方式才具有教育的属性，其方法才是严格意义上的创业教育工作方法。如果将创业教育工作过程中所有成员所使用的方法都看成创业教育工作方法，就会模糊创业教育者同学生的关系。

创业教育工作方法既然是创业教育者进行创业教育工作所采用的各种工具和手段，说明创业教育工作方法是多种而不是一种。那么，创业教育工作方法究竟包括哪些种类？这些不同的方法彼此之间又有何关系？这就涉及方法的系统问题。因此，需要从哲学角度分析、研究、探讨创业教育工作的方法系统。

成的。按创业教育工作方法的普遍性程度，可划分为哲学方法、一般方法和技术方法。下面具体介绍这三种方法的内容及其关系。

所谓哲学方法，是指创业教育者运用某种哲学观点来研究、观察和指导创业教育工作活动的方法，它包括创业教育者如何理解创业教育工作的社会本质和一般规律，如何确立创业教育工作的最终目标和进行价值判断，怎样评价教师和学生的能力以及两者的基本关系，怎样在宏观 L 把握组织和环境、团体和社会之间的关系，等等。总之，凡是涉及创业教育工作的根本路线、战略决策、基本原则和用人宗旨等重大问题，便需借助哲学方法，有关基本信仰的一系列思想价值的问题，也离不开哲学方法，这种方法具有最大的普遍性也最抽象，初看起来似乎不能直接解决创业教育工作中任何具体问题，因而常常被人们所忽视，似乎哲学与学生工作无关。实际上，创业教育者是摆脱不了哲学的，哲学左右着创业教育者的思维方式和行动路线，自觉或不自觉地影响着各种创业教育工作活动，甚至决定着创业教育工作的成败，为创业教育者提供了必不可少的方法论原则。

与哲学方法相关但又有所不同的另一类创业教育工作方法是一般方法。同哲学方法相比，这类方法没有哲学方法那么广的普遍性和形式上的抽象性，显得比较具体、容易操作，但与更具体的各门技术方法相比，它又具有相当大的普遍性，可以称之为一般方法比如行政工作法、物质刺激法、行为控制法等方法就属于一般方法。因为各类创业教育工作都离不行政命令、利益激励和行为控制，这类方法普遍适用于各类创业教育工作，再如进行决策的常规原则、用计划控制监督创业教育工作全过程的目标监管方法等，也因其在一定范围内具有通用性而成为一般方法。

创业教育者特别是基层创业教育者常用的创业教育工作方法是具体的技术方法。这里的"技术"不是指工程技术，不是人们常说的各种技术工具，而是指作为个体的学生工作人员进行创业教育工作的具体方法和技巧。技术方法是最具体、最易操作的方法，也是最直观、最丰富的工作手段。这类方法为创业教育者提供了明确的创业教育工作工具和具体的创业教育工作手段。

创业教育工作方法之所以是一个系统，正是由于创业教育者所采用的不是一种方法或一类方法。一方面，上述方法分属于创业教育工作的不同层次，各有自己的特点和功能，彼此不能取代。另一方面，上述方法又相互制约、相互影响、互为补充，综合运用于创业教育工作。哲学方法属于最高层次的方法，侧重于宏观决策和总体控制，多为高层创业教育者（如学校分管学生工作的领导）所采用；属于中间层的一般方法，因其通用性和一定范围的规范性，被部门创业教育者和中层创业教育者所采用。至于技术方法，因其具体而实用性强，主要是基层创业教育者采用的创业教育工作手段。当然这并不是说，高层创业教育工作人员只需要懂得哲学方法就够了，可以对一般创业教育工作方法和必要的技术方法一无所知；也不是说中层创业教育工作人员可以抛开哲学方法或基层创业教育工作人员无须掌握必要的一般方法和学会哲学方法；而是说不同层次的创业教育工作人员首先应当学会与自身工作关系最密切的主要方法，而且应该掌握其他方法，不能主次不分或平均使用力量，否则一样方法都掌握不好也使用不好。从创业教育工作主体群体来看，因为创业教育工作方法是一个系统，各类方法单独使用都不能发挥最佳的组织创业教育工作效用，只有三种方法兼用、互相配合，才能在学生创业教育工作中发挥作用。这就要求各级创业教育者树立系统观念，既能熟练掌握某一种创业教育工作方法，又做到互通信息、上下配合；既注意克服方法上的单一化倾向，又杜绝不同方法的混淆和错位。

二、现代技术方法的类别和特征

现代技术方法是在现代创业教育工作中应用的各种现代数学方法、定量化方法和先进技术手段的统一体。广泛应用现代技术方法，是社会发展的客观要求，也是学生工作现代化、科学化、与时俱进的必然趋势。

随着社会发展和科学技术的进步，社会分工日趋精细，各部门之间的联系日益密切，影响学生工作的因素更加复杂多变，因而学生工作相关的信息量和工作量激增，对创业教育工作的要求也就越来越高。在这样的新情况下，除认真总结各种行之有效的传统学生工作方法外，还必须广泛应用适合于现代社会的技术方法，以便能更准确地描述和分析问题，深入研究各种因素多方面的数量关系，及时处理大量的创业教育工作信息，并对拟订的计划方案和政策规定进行科学论证。同时，由于现代数学、信息科学和系统科学等学科的产生以及电子计算机的广泛运用，也为现代技术方法在包括学生工作在内的各领域中广泛运用提供了必要的条件。

现代技术方法是按照现代社会发展规律和适应现代科学技术进步的客观要求，运用现代自然科学和社会科学的最新成果，对各种工作对象进行有效控制的一系列新技术和新方法。它是在继承和发展一般方法的基础上运用现代科学技术成果，经过不断探索、科学试验、精心优选逐渐形成的。同传统方法相比，创业教育工作现代技术方法具有以下三个明显的特征。

首先是系统性和择优性。一般说来，每一种现代技术方法都有内在的系统性，它包括明确的目标、一定的约束条件、达到目标的程序和方法以及信息反馈等，从而为科学地解决问题提供一定的模式或模型，使复杂的工作实现科学化。例如，在创业教育工作实践中，引进并建立数学模型进行求解的过程也是优化的过程。又如在一定的约束条件下，对多元学生工作目标选择最佳的组合方案，或在一定的目标要求下，对各种约束条件进行选择和组合，都存在择优的过程。

其次，现代技术方法使创业教育工作数据化，并能把创业教育工作的定性分析与定量分析密切结合起来。现代技术方法区别于传统工作方法的一个重要标志，就是使学生工作活动从定性分析发展为定量分析，从依靠经验判断转变为数理决策；因为建立数学模型，进行定量分析，可使创业教育工作任务进一步科学化，从而大大提高了创业教育工作系统的运转速度和工作效率。

最后，现代技术方法具有较大的通用性和关联性。现代技术方法应用的范围较广，在解决创业教育工作系统中复杂的实际问题时，各种方法可以相互补充，发挥多方法配套使用的整体功能。

现代技术方法的种类很多，这就要求创业教育者要针对不同的对象准确地选择合适的方法，避免方法的混用或错位。同时，各类技术方法又存在着相互联系、相互制约的关系。如果在创业教育工作中孤立地应用一种或几种方法，虽然也能收到某些成效，但有很大的局限性。为此，创业教育者在工作中，应努力使各种方法和技术相互补充，发挥各种方法的综合功能。在当代学生工作中，尤其是创业教育工作中，使用得比较多的方法包括系统方法、数学方法和预测方法。

三、系统方法

所谓系统方法，就是按照事物本身的系统性把对象放在系统的形式中加以考察和处理的一种方法。这种方法要求从系统的观点出发，始终从整体与部分、系统与环境的相互联系、相互作用、相互制约的关系中综合地、精确地考察对象，以达到最佳地处理问题的目的，其显著特点是整体性、综合性、动态性、开放性、环境适应性、最优化。

所谓整体性是指管理系统要素之间的相互关系以及要素与系统之间的关系都要以系统整体为主体进行协调，局部服从整体，使整体效果最优。在它的指导下，服务管理要从整体着眼，部分着手、统筹考虑、各方协调，达到整体的最优化。整体性是系统方法的基本出发点。它把整体作为研究对象，认为世界上各种对象、事件、过程都不是杂乱无章的偶然的堆积，而是一个合乎规律的由多种要素组成的有机整体。这一整体的性质和规律只存在于组织各要素的相互联系、相互作用之中；而不是各组成部分孤立的特征和活动的代数和。因此，这种方法反对传统工作事先把对象分成不同部分、分别加以研究然后综合起来，而是一开始就把对象作为整体来对待，以便从整体与部分的相互依赖、相互结合、相互制约的关系中揭示系统的特征和运动规律。从系统管理目标上分析，任何系统的局部目标和整体目标之间都存在着复杂的联系和交叉效应。大多数情况下，两者是一致的，有时，系统局部认为有利的事，从整体上来看并不一定有利，甚至有害因此，当局部目标和整体目标发生矛盾时，局部利益必须服从整体利益，体现系统管理目标的整体性。从系统管理功能上分析，系统的整体功能不等于要素功能的简单相加，而是往往大于各部分功能的总和，即这种总体功能的产生是一种质变，它的功能大大超过各个部分功能的总和。因此，系统要素的功能必须服从系统整体的功能，体现系统管理功能的整体性，否则，就要削弱整体功能，从而失去了系统功能的作用。

综合性是系统方法的第二个特点。所谓综合性是指任何一个系统都是由许多要素为特定目的组合而成的综合体，在进行系统管理时，要把系统的所有要素联系起来，综合考察其中的共同性和规律性。它从两个方面对创业教育者提出要求：一是创业教育工作目标的综合，即要求组织系统各个部分必须围绕系统总目标开展工作，或者说要求一个组织的最高领导必须用组织总目标统摄各部分的分目标；二是创业教育工作过程各个部分功能的综合，即要求创业教育者对任何对象的研究，都必须从它的成分、结构、功能、相互联系和历史发展等方面综合地、系统地考察，以保证创业教育工作按组织总目标运行。同时系统综合性原理还提示学生工作关注两个问题：第一是系统可以分解，由于系统部是由许多要素综合起来形成的，因此，任何复杂的系统都是难以分解的。第二是综合可以创造新事物，现有的事物或要素通过特定的综合可能生成新的事物和系统。"量的综合导致质的飞跃"正是基于这一规律。

动态性是系统方法的第三个特点。所谓动态性是指系统作为现实生活中的一个有机体，其稳定状态是相对的，运动状态则是绝对的。因此，根据状态属性对系统的划分，静态系统是相对的，也是动态系统的极限状态。系统不仅作为一个功能实体而存在，而且作为一种运动而存在。在动态性的指导下，可以预见创业教育工作系统的发展趋势，树立超前的管理意识，减少偏差，掌握主动，使系统向期望的目标顺利发展。创业教育工作系统动态性主要体现在系统管理要素的动态性和系统管理功能的动态性两种形态。创业教育工作系统要素的动态性表现在两个方面。一方面，创业教育工作系统要素之间存在着纷繁复杂的联系，这种联系就是一种运动。系统要完成功能输出，需要内部要素相互作用、相互影响，形成一定的输出模式，这个过程本身是动态的。另一方面，创业教育工作系统管理要素与环境的相互作用是一种运动。由于现实生活中封闭系统是相对的，开放系统则是多数，因此，系统与环境之间会存在信息、能量或者物质的交换活动，这个相互作用过程也是动态的。创业教育工作系统管理功能的动态性主要表现为：创业教育工作系统的功能是时间的函数，是随系统要素状态的变化、环境状态的变化、各要素之间联系以及要素与环境间联系的变化而变化。

开放性是系统方法的第四个特点。所谓系统开放性是指在非理想状态下，不存在一个与外部环境完全没有物质、能量、信息交换的系统。即所有的系统都是开放性的，在创业教育工作中，任何试图把系统封闭起来与外界隔绝的做法，都会导致失败。系统管理的开放性源于系统本身的耗散结构。任何有机系统都是一个耗散结构系统，只有与外界不断交流物质、能量和信息，才能维持其生命。并且只有当系统从外部获得的能量大于系统内部消耗散失的能量时，系统才能不断发展壮大，所以，对外开放是系统的生命。在系统开放性理念的指导下，学生管理者应当充分估计外部对系统的种种影响，努力通过开放扩大系统从外部吸入的物质、能量和信息，做好创业教育工作。

环境适应性是系统方法的第五个特点。所谓环境适应性是指系统不是孤立存在的，它会与环境发生各种联系，只有能够适应环境的系统才是有生命力的。同时，系统对环境的适应并不都是被动的，也有改善环境的能动行为如构成社会系统的人类具有改造环境的能力，没有条件可以创造条件，没有良好的环境可以改造环境。这种能动地适应和改造环境的可能性，受到一定时期人类掌握科学技术、知识和社会经济发展水平等因素的限制。在系统的环境适应性理念的指导下，创业教育者进行创业教育工作决策时既要清醒地认识系统本身的局限性，又要把握一切能动地改变环境的机会，实事求是地做出科学的判断和决策，设计出有利于学生素质提升的工作方案。

最优化是指运用系统方法进行创业教育工作所能达到的最佳效益。根据需要和可能，系统方法可以为系统定量地确定出最优目标，并运用最新技术手段和处理方法把整个系统分成不同等级和不同层次结构，在动态中协调整体与部分的关系，以使部分的功能和目标服从系统总体的最佳目标，达到总体最佳。

从以上几个特点的分析中可以看到，系统方法是一种立足整体、统筹全局、使整体与部分辩证地统一起来的科学方法，它将分析和综合在现代科学技术的基础上有机地结合起来，并运用数学语言定量地、精确地描述对象的运动状态和规律，为运用数理逻辑和计算机软件来解决创业教育工作中的复杂系统问题开辟了道路。

在创业教育工作过程中，运用系统方法应遵循以下几个基本步骤：

首先，确立目标，搜集信息。目标是运用系统方法所要达到的目的，根据具体情况，目标可以是明确的、定量的，也可以是粗略的、定性的。确定目标既要从单项目标入手，注重单项目标的可行性和最优化，又要将各单项目标放在总目标的现象中进行考察，把落脚点立在整体系统的目标上。为了达到系统方法追求的目标，还要按确定的目标搜集信息。收集信息主要包括三项内容：一是进行实地调查，直接掌握情况。二是广泛收集材料，并按目标要求对有关情况进行筛选。三是对筛选过的情况作单项分析，包括定性和定量分析，得出一些性能指标和参数。这些指标和参数，或称信息数据，是系统分析的基本根据。

其次，建立模型，拟制方案。这是系统方法的主要部分。建立模型，就是将搜集得来的有关信息因素按一定关系结构组合成一定的模型，用以反映系统活动所要耗费的人力、物力、时间和系统诸因素在系统活动中的作用方式。模型建立后，再以系统活动的各种效益为指标进行综合性比较、评价，然后选择拟定最佳方案。系统模型可能是定性的，也可能是定量的，也可能是定性与定量相结合的。

最后，对方案进行评估检验。建立模型拟制方案之后，还要对方案进行检验评估，分析方案的可靠程度或风险程度。这是因为任何事物都受到随机性干扰，随机干扰是人们在现有知识水平上尚无法认识或无法确定的事件。

现代社会活动规模大、因素多、关系复杂，如果照抄过去那种条块分割、分兵进击的传统方法进行学生工作，势必造成人力、物力、财力和时间上的巨大浪费。

系统方法改变了创业教育工作主体的思想方法，给整个创业教育工作方法论带来了深刻的革命性变化。系统方法可以使创业教育者对创业教育工作的研究方式从以个体为中心过渡到以系统为中心，从单值的过渡到多值的，从线性的过渡到非线性的，从单一测度的过渡到多测度的，从主要研究横面关系过渡到综合研究纵横面关系。这些变化，不仅改变了创业教育工作的图景，改变了学生工作的知识体系，同时引起了创业教育工作主体世界观和方法论的深刻质变。

四、数学方法

数学本身不是目的，而是一种工具和手段，这在应用数学方面表现得特别具体而清楚。因为应用数学就是为设法解决各种具体科学课题而产生的数学工具，是为某一具体科学提供适当而有效的数学方法的学科。

数学方法有以下几个主要特点。

第一，抽象性。现实对象是复杂具体的，每一事物无一不是质和量的统一体。这样的现实对象如果不经过科学抽象，人们便无法在思想中对其加以把握。而数学把量及其关系从现实对象中抽取出来，就摆脱了现实对象的各种具体的复杂形态，从而大大简化了研究对象，使我们可以在纯粹量的关系上来研究对象，以揭示对象的数量关系和过程。

第二，精确性。数学具有逻辑的严密性和结论的确定性。数学推导是严格按照一定的规则进行的，只要前提正确，那么，由数学的内在逻辑所推出的结果本身具有毋庸置疑的确定性。爱因斯坦说："数学方法受到科学家的特殊重视，一个理由是它的命题是绝对可靠和无可争辩的。"还有另一个理由，那就是数学给予精密自然科学以某些程度的可靠性，没有数学，这些科学就达不到这种可靠性。运用数学方法，对客观事物中各种量以及量的关系、量的变化进行推导和演算，能够使现象及其过程得到精确的定量描述；所以，数学方法也是决策最优化的可靠工具，利用数学模型对几种可能的方案进行推导和演算，就能从数量上进行精确地比较，帮助人们选择最优的方案。

第三，普遍性。数学对象的普遍性决定了数学方法的普遍性。数量及其关系是各种事物所具有的共同特征。任何事物既存在质的方面，又存在量的方面，没有质的事物固然不存在，没有量的事物也不存在。既然任何事物都是质和量的统一，那么从可能性来说，任何领域都可以应用数学和数学分析，学生创业教育工作自然也不例外。

数学作为数量结构科学，数学方法的普遍性还反映了异质同构现象的存在。就是说，不同质的事物和系统可以存在着同样的数量关系，而同样的数量关系又可以反映不同的物质存在形态和不同的物质运动过程。

数学方法可以应用于各门科学，这是就原则和理论来说的，要把这种原则和理论上的可能性变为现实，需要人类不断的探索。科学和社会发展的历史表明，进行质的定性分析相对来说比较容易，而进行定量分析就比较困难。近代科学产生以后，数学方法首先在力学和物理学中得到了广泛的应用，尔后是化学。目前，数学方法在社会科学某些领域中也开始得到应用，比如运筹学（优选法、统筹学、规划论、对策论等），数学在一些社会科学（特别是经济学）中正在显示出它的作用。

随着现代科学的不断进步，数学方法也开始应用于学生创业教育工作。在数学方法的参与下，部分创业教育工作就可以是用数学模式程序来表示计划、组织、控制、决策等合乎逻辑的程序，求出最优的答案，从而达到目标。

此外，计算机还为数学方法应用于学生创业教育工作开辟了新天地。它不仅可以协助创业教育者对学生创业教育工作活动的全过程进行宏观的调控，提高学生创业教育工作跨度，而且适应高速发展的现代社会的需要，使学生创业教育工作高速化、精确化。当然，随着学生创业教育工作的发展，人们对现代创业教育工作各个层次的认识越来越深入，反映到创业教育工作的认识手段和方法上，就比以往任何时候更加需要多种方法协同发展。

五、预测方法

所谓预测是指对于客观事物未来发展状况进行分析、估计、设想和推断。预测并不神秘，事实上，人们时时处处都在作出预测判断，例如出门需注意天气的变化，预定乘车路线等。总之，要实施一个有目的的行动，都必然会有一个对未来的考虑过程，这个过程就包含预测。日常生活中的预测一般比较简单，较易执行。但对创业教育工作活动来说，预测的内容就复杂多了。

科学的预测，应通过对客观事物的历史和现状进行科学分析和调查研究，由过去和现在推测未来，由已知推测未知，从而揭示和预见事物未来的发展趋势和变化规律科学的预测不是随意猜测，而是在正确理论的指导下，对客观事物进行深入分析、并运用现代先进的预测技术，进行系统的研究。

第一种方法，专家评估法。即组织有关领域的专家运用专业方面的经验和理论，研究预测对象的性质，对过去和现代发生的问题进行综合分析，借以对学生工作未来的发展远景进行判断。专家评估法主要包括个人判断、专家会议和德尔菲法（即专家意见法）等。个人判断一般指专家权威凭个人经验和知识才能做出预测。专家会议即依靠专家集体智慧做出预测。德尔菲法是由美国兰德公司首先采用的一种方法，又称专家调查法，这是采用书面的形式征询各个专家的意见、背靠背地反复多次汇总与征询意见，最后得出一个比较一致的预测意见。

第二种方法，预兆预测法。这是通过调查研究前超现象推断后继现象的一种预测方法，它是因果联系最敏捷的发现形式。预兆预测法的关键，是准确掌握后继现象与前超现象之间的种种联系，特别要注意两者的内在联系，排除偶然性。有时只知道两者相随发生，并不知道其内在联系，这种预测便是不可靠的。只有密切注意两种现象相随的再现率，并通过思考以发现二者之间的本质联系，才能确定引起后继现象的前超现象，从而对将来的发展趋势做出正确的预测。

第三种方法，时间序列预测法。时间序列也叫时间数列，是将某种统计指标的数值按时间先后顺序排列而形成的数列。时间序列预测法，就是通过编制和分析时间序列，根据时间序列所反映出来的发展过程、方向和趋势，进行类推或延伸，借以预测下一时期或以后若干时期可能达到的水平。时间序列预测的内容包括：收集整理某种社会现象从过去到现在的历史资料，编成时间序列，按各种可能发生作用的因素分类（长期趋势、季节变动、循环变动、不规则变动），分析时间序列，从中寻找该社会现象随时间变化而变化的规律，得出一定的数学模式，并以模式去预测该社会现象的未来情况。

第四种方法，回归分析法。即研究引起未来状态变化的各种客观因素的相互作用，找出各种客观因素与未来状态之间的统计关系的方法。这是一种依据事物间的因果性原理，用数学工具建立的预测方法。在随机事件中，某些变量之间存在着一定的依赖关系，一个变量的变化引起另一个变量的变化。当人们能够准确地发现这些变量之间的数量关系时，就表现为函数关系；难以准确地确定其数量关系时，就只能通过对大量数据的分析，找到某种相关性关系。为了定量地把握事物的因果规律，需要通过回归分析的中介，使相关关系转化为函数关系。回归分析，就是根据大量统计数据来近似地确定变量间的函数关系，即定量确定相关因素间的规律和方法，它可以用来预测未来。

第五种方法，类推法。类推法至少是在两个事物中进行的，一个作为模型出现，另一个作为被预测事物出现，前者称为类推模型，后者称为类推物。类推法的本质是把类推物与类推模型进行逐项比较，如果发现两事物间的基本特征相似，并且有相同的矛盾性质，就可用类推模型来预测类推物。

预测的程序一般有以下几个步骤。

首先，确定预测目标和任务。预测目标指预测所要达到的目标，实际上就是确定未来事物质的规定性和量的规定性，或者是二者的统一。预测总是为一定的目标和任务服务的。创业教育工作的目标和任务决定了预测的目标和任务。目标清楚，任务明确，才能进行有效的预测。

其次，输入预测信息。预测结果的准确性取决于输入信息的可靠程度和预测的方法的科学性。预测所需的资料有纵向资料，也有横向的资料。对于已占有的资料要进行周密的分析检验，检验其可靠性，并通过分析去粗取精，去伪存真。还要检查统计资料的正确性与完整性，不够正确的要作适当的调整，不够完整的要填缺补齐。

再次，预测处理推断。预测处理推断，是指根据预测资料，运用一定的逻辑推理方法，对事物未来发展趋势进行预计和判断。这是预测的关键环节。在实际工作中，我们可应用的预测方法很多，具体选择什么方法应依据预测目的和预测对象的特点、资料占有情况、预测经费以及预测方法的适用范围等条件来决定。

最后，输出预测结果。它包括鉴定预测结果和修正预测结果两个内容。预测毕竟是对未来事件的设想和推断，由于受到资料不足、方法不当及人们认识的局限性等因素的影响，故而容易产生预测误差。误差越大，可靠性就越小。因此必须对预测结果进行鉴定，并对误差大小做出估计。分析误差的目的，在于观察预测结果与实际情况偏离的程度，并找出发生偏离的原因。输出预测结果是预测程序中最后的一个步骤，它既是通过修正预测结果，使之更符合客观实际情况的过程，又是检查预测系统工作情况的过程。

科学预测方法在学生创业教育工作中具有关键性的作用。从决策程序来看，不论是确定决策目标阶段，还是优选决策和追踪决策阶段，都是离不开预测的。看不准未来的发展趋势，就不能确定决策目标；没有预测作为依据，决策就是冒险的、不可靠的；如果没有预测的可靠根据，就有可能造成再次失误。从预测科学的角度来说，没有预测的决策违背了"时机原则"，是根据不足的决策，亦即时机不成熟的决策。当然，最好的科学预测也绝不会是绝对可靠的，它只能是一种有科学根据的最大概率；但对于决策来说，这已经很好了。

加强预测能力是提高创业教育者应变能力的重要一环。随着科学技术的迅猛发展，特别是现代化通信工具、信息技术、计算机的应用，使创业教育者面对一个瞬息万变的世界，需要对各种不同的事物开展预测，提高应变能力，对于各种不同的可能性作出不同的预测判断。另外，加强预测也是提高工作效率和经济效益的迫切需要。

第四节 创业者创新思维能力提升策略

一、创业者创造创新能力概述

在学术界，创造、创新两个词具有不同的含义。因此，必须首先分析创造、创新的区别。

创造的含义是在原先一无所有的情况下，创造出新东西。创造特别强调独创性。然而，任何创造都不是无中生有，而是在前人创造的基础上有所突破，所以要论创造二字的含义，中国语言中的创造更贴切实际。根据《词源》的解释，"创造"是由两个字组合而成的，"创"的主要意思是"破坏"和"开创"，"造"的主要含义是"建构"和"成为"。所以"创"和"造"组合在一起，就是突破旧的事物，创建新的事物。

创造是各式各样的，时时处处都可以有创造。如科学上有发现，艺术上有创作，方法上有创新，技术上有发明。"唯创必新"是创造的根本特点。

二、保障逻辑思维的严密性

创造性思维是以非常规的思维为基础。但是，真正的创造性的人类成果最终必须是符合逻辑的。因此，要想提高个人的创造性思维能力，就要提高其逻辑思维能力。人们对事物的把握，是一个由浅显到深入、由低级到高级、由现象到本质或从抽象逐渐到具体的过程。因此，比较典型的逻辑思维方法就要由表及里、层层深入、剥丝抽茧。

掌握逻辑思维方法，不仅要学会层层深入，还要善于比较，善于应用比较思维。所谓比较思维是把各种事物和现象加以对比，来确定它们的异同点和关系的思维方法。任何事物性质的优劣、发展的快慢、数量的多少、规模的大小等，都是相比较而言的。没有比较，就没有鉴别。比较是一切理解和思维的基础。人们认识事物，把握事物的属性、特征和相互关系，都是通过比较来进行的。只有经过比较，区分事物间的异同点，才能识别事物，将其归到一定的类别中去。

比较一般可分为两种类别：即同类事物之间的比较和不同类事物之间的比较。同类事物之间进行比较，找出其相同点，可以揭示事物的共性；找出其不同点，可以揭示事物的特殊性。不同类事物之间进行比较，找出相同点，可以揭示事物之间的联系；找出不同点，可以揭示事物之间的区别。比较一般可采取顺序比较和对照比较。顺序比较是把现在研究的材料和过去的材料加以比较。这是一种继时性的纵向比较。如：今与古比，新与旧比较等。这种比较容易说明新事物的优越，新阶段比旧阶段进步等，还可以发现优越之特性，进步之表现，从中寻求规律、拓宽思路，预测未来事物的发展进程。对照比较是把同时研究的两种或两种以上材料交错地加以比较。这是一种同时性的横向比较。此种比较可以对空间上同时并存的事物进行对照，以认识事物的异同和优劣。横向比较必须在同类事物之间进行，如国家与国家比，人与人比，单位与单位比，地区与地区比。进行这种比较时，一定要注意它们的可比性。如在比较社会主义制度和资本主义制度时，只能比那些可比的因素，不可比的因素应当排除在外，这就是所谓"异类不比"。同时，应采取客观、公正的严肃态度。不论是纵向比较还是横向比较，都要明确为什么而比，并站在正确的立场上，运用正确的观点去比，通过比较做出科学的、历史的具体分析。因此，比较中的纵向可能导致单纯地回头看，产生满足现状或今不如昔的偏向；比较中的横向则可能变成现象间的简单笼统的对照罗列，或者导致对自己、对别人、对事物的全盘否定或全盘肯定，得不出合理的、科学的结论。

要更好地开展思维活动，进行有效的比较对照，就要关注如下几种形式的比较：首先，进行新知识与旧知识的比较。在比较中了解新旧知识的异同，把新旧知识联系起来，使新知识的掌握建立在旧知识的基础上，加深对新知识的理解。其次，进行新知识与新知识的比较。在比较中认识事物之间的共同性和特殊性，揭示事物之间的联系和区别，使学生所掌握的知识深刻化和精确化。再次，进行旧知识与旧知识的比较。在工作中，把已经拥有的知识相互比较，以加深理解，加强巩固，并使知识系统化，形成解决问题的方案。

最后，进行理论与事实的比较。使思考者根据事实了解理论，并检验理论的正确或错误，把理论和实际联系起来。

一般地说，确定事物之间的相异点比确定事物之间的相同点要容易一些、经常一些。所以，在进行比较时，最好先从寻找相异点开始，再过渡到寻找相同点。最后，明确异同之所在，达到既能看出同中之异，又能看出异中之同。在对事物进行比较时，必须围绕着主题进行。当比较事物某一方面的特征时，不能把其他方面的因素掺杂到里面去。要经常注意找出哪些是事物的主要因素，哪些是事物的次要因素，不能将事物的次要因素当作主要因素。分清事物的主要因素和次要因素，有利于把握事物的本质特征。逻辑上的层层深入和比较分析仅仅是创造性思维的基础，而提高理解力、判断力则是创造性解决问题的关键。

所谓"理解"就是对某个问题、某件事搞懂了、弄明白了。而"理解力"就是衡量一个人对这个问题、这件事搞懂、弄明白所用的时间长短。用时短，相对来说这个人理解力强，反之则这个人理解力弱。一个人的理解力大小、强弱不是天生的，它是人类在从事各种社会实践中不断学习、不断处理与解决各种问题、不断总结正反两方面经验所取得的。在各种实践中，锻炼了人的智力，使人不断聪明起来，从而才有可能使人类的理解力不断提高。这里要指出的是，一个人应该养成坚持学习、热爱学习的良好习惯，坚持活到老、学到老，这样才能为一个人持久地保持敏捷的理解力提供良好的智力基础。所谓判断力是通过人类对某个问题或某些现象的观察、分析，然后进行综合和推理，得出正确与否、是非与否，或者通过观察、分析、综合和推理又延伸得到新的结论。人类发明创造的历史证明：一个人的理解力和判断力的大小是人类取得创造成果或事业成功的重要的先决条件。

要更好地运用逻辑思维，就要加强对外界信息的收集，并充分利用这些信息进行分析，做出判断、预测、决策。这一过程被称为反馈思维。反馈思维是指控制系统把信息输送出去，又把其作用结果运送回来，并对信息的再输出发生影响，起到控制调节作用，以达到预定目的的思维方法。

反馈是自然界的一种普遍现象。在自然现象中，人和动物必须呼吸，吸进新鲜氧气，呼出二氧化碳。如果没有绿色植物吸进二氧化碳、放出氧气这样一种"反馈"，生命运动就会停止。在人体运动中，大脑通过信息输出，指挥人的各种活动。同时，大脑又接受来自人体各部分与外界接触所发回的反馈信息，不断调节并发出新的指令。如果没有反馈信息不断输入大脑，人体运动就是不可设想的。

反馈思维方法被广泛应用于自然科学、社会科学等各个领域。任何一个系统，只有通过反馈信息，才能实现控制，达到预定的目标。没有反馈信息，要实现调节、控制是不可能的。例如，人类复杂的反射活动，都是通过神经系统的反馈而实现的。实现反射活动的神经通路叫反射弧，它包括感受器、传入神经、神经中枢、传出神经和效应器（肌肉和腺体）等五个环节。前三个环节（感受器、传入神经、神经中枢）的任务是接受信息，后两个环节（传出神经和效应器）是执行机构。但复杂的反射活动并不是一次单向传导所能完成的，而是经过传入和传出部分来回就近传导，借助大脑多次反馈调节的结果。正是依靠这种反馈调节，才保证了人类对外界精确、完整、连续的反应和对自身活动的准确控制。人的任何有意识的活动，无不含有反馈。简而言之，没有反馈，就没有生命，更谈不上人类的智慧和创造。

人在学习知识时，首先是获取大量信息，然后由大脑对它们进行编码、改造，而后将思维的产物利用各种途径输送出去，公之于众，收回外界对它的评价，从而检验学习效果和学习深度，进而在原有知识的基础上，有针对性地进行再学习、再思考、再创造，使之更趋全面和成熟。这一过程也就是反馈思维过程。对一个学习者来说，通常存在两种反馈信息：一是由输入引起的感受器官的反应，称为"内反馈信息"；一是通过输出（即知识的运用），获得来自外界的反应，称为"外反馈信息"。无论哪一种反馈都具有调节学习和激发动机的功能。当反馈信息揭示了学习中的不足时，它就能为调节学习、重新制订学习计划、改进学习方法提供依据；当反馈揭示了学习的成效时，它便能激发学习的积极性，起到鼓舞和鞭策作用，使学习兴趣更浓，信心更足、更大。

成功的创造者和发明者都善于进行反馈思维。例如，他们在掌握知识的过程中，能向能者求教，交流探讨，并运用知识于实践，发现问题，总结经验；又能把别人对自己知识的评价加以整理分析，提取有益成分，反馈至知识的输入端，实现对学习内容、方法和学习目标的选择和控制。由于他们能勤于输出信息，从中获取反馈，所以能获得成功。

总之，反馈思维可以使学习和创造者找到不足，弥补缺陷，改进方法，同时寻找良师益友，加以指导，少走弯路，找到捷径。所以，反馈思维法是加速学习成功的要诀，是人才创造活动的重要智力因素，在学习和创造中，为了取得成功，必须学会反馈思维，如主动质疑，寻师求教，不耻下问，运用知识，同学间相互切磋，等等，都是强化反馈信息的有效方法。

第五章　创新创业教育的模式与改进

第一节　创业教育的模式

一、模式述评

教育模式是对教育进行有效实践而采取的一种教育策略的集合体系，其特点主要是体现出一定的程序。学校创业教育模式从宏观角度来讲，主要指创业教育的工作体系构建；从微观角度来讲，主要指创业教育的课程设置、教学实施、师资组成和实践活动等。

在对创业和创新创业属性研究的基础上，我们进一步考察创业教育模式。当前，较流行的创业教育模式主要有素朴的创新创业教育模式、商学院创业教育模式、创业型模式等几种。

（一）素朴的创新创业教育

国内创新创业教育的初级阶段主要表现为举办和引进竞赛，本书称其为素朴的创新创业教育。在这一阶段，竞赛成了推动创新创业教育最有力的动力。国内创新创业教育研究基本上都会涉及"挑战杯"，在这一品牌下汇聚了创新竞赛和创业竞赛两个子品牌，并对其进行严格区分来宣传引导。创新竞赛是指课外科技创新成果方面的学科竞赛。创业计划竞赛采用风险投资模式，参赛者组成竞赛小组，围绕一个具有市场前景的产品或服务概念，以获得风险投资为目标，完成创业计划书。在设计竞赛的过程中，创新与创业从一开始就被分割开来，使创新创业教育明显的先天不足，创新和创业成了完全不相关的两件事情，导致在后来的竞赛管理中存在着诸多问题，如参赛人员直接使用老师的科研成果、创新竞赛成果直接用于创业竞赛等。在这一阶段，学校师生对创新创业的需求已经有了萌芽，素朴创新训练和创业竞赛满足广大师生素朴的创新创业需求。之后，创新创业竞赛的发展逐渐有学科化、专业化的趋势，如全国学生智能汽车竞赛、全国学生节能减排竞赛、机器人竞赛等，更加偏向于科技成果的转化应用问题，偏向于知识的资本化。

（二）商学院创业教育模式

商学院（管理学院）内部创业学科的发展被称为专业模式或聚焦模式。学界对商学院模式的弊端已有较深刻的认识，其受经济学影响太深，照搬了商学院的教学方式，过于聚焦企业管理，该模式让商业计划成了创业的代名词，并将其置于核心位置，削弱了非商业环境下创业的潜能，创业环境过多地集中在市场模式，教学设计集中在创业行为的培养，忽略了创业技能、态度的培养等问题。学校很难接受这种以商业为主导的模式，需要对创业教育模式进行有效改进。从本质上来说，商学院模式不同于其他创新创业教育模式，不同之处在于它所传授的就是创业知识本身，即为了创业而学习创业。这种模式应该属于创业属性中的建构范围，这和创新创业教育传授创造性工作的宗旨是不一致的，对于创新创业教育而言应该是一种非典型模式。真正的挑战是构建一个新的模式，将商学院已经发展了多年的教育模式取而代之。

（三）创业型模式

创业型模式被认为是继教学型、研究型之后的第三种模式。创业是学校从知识的保存、传播和创造的基本功能之外，衍生出的第四种功能。创业型模式的关键是建构了以知识资本化为中心的学校——企业——政府三螺旋关系，学校、企业和政府是平等的，在促进创新和产业进步的过程中，一切以需求为核心。这一模式具有学校高层管理者全力支持、自上而下推动的特征，广泛成立专门开展创业教育的机构，建立跨学科研究中心，同时努力培养学生的创业行为、创业技能和创业态度，注重学生创业情感、智力的发展。

国内有的学者将创业型学校作为创新创业教育的一种高级形式，这值得商榷。一方面，创业型学校所指的是学校治理、高等教育管理层面的问题，这是组织转型的问题，是教学型、研究型学校如何更好地发展的问题；另一方面，创业型学校显然涉及创业教育，创业教育只是创业型学校的一部分或者其中的一个显著特征，更直接地说，创业教育已经融入创业型学校。

目前，创业型学校是否是学校发展的一个确定性阶段有待商榷，同时，创业型学校在国内普及是否同样有效也有待观察。因为国外创业型学校是建立在研究型学校基础上的，而国内却并不如此，可以说是百花齐放、百家争鸣，各种层次类型的学校都在探索创业教育。从逻辑的可能性上来说，各种不同层次的学校需要不同类型的创业教育。

二、策略研究

国内创新创业教育发展经历了素朴的创新创业教育、传统商学院组织模式、创业型学校组织模式等多个阶段、体系和模式，其内容从以商业计划为核心转向以创新创业能力培养为核心，教育对象从以商学专业学生为主拓展到面向全体学生，教育特征从具有"广谱效应"的模式发展到专业化、技术化的创新创业教育模式。这对宣传鼓动、营造氛围、形成文化起到了重要作用。从创新创业教育模式的发展过程看，具有"广谱效应"的创新创业教育延伸发展了商学院模式，但未能真正实现知识资本化。具有"广谱效应"的创新创业教育实现了创新创业量的增长，需要解决的是质的提升。同时，国内大多数学校难以达到创业型学校的要求，同时要摆脱商学院的弊端已成为一大难题。这一系列问题指向的是构建适合当前教育水平的创新创业教育模式，以切实提高国内创新创业教育的效率和质量。

（一）明确学校创新创业教育的定位

创业的概念具有丰富的外延。这个概念不但很难讲清楚，而且一直在变化，用马克思的话说叫作"实践的概念"。几乎所有的学科都是根据自身热点问题，对创业稍加关注，很少有学科会主动去考虑创业的基础理论及自身的理论构架，甚至对创业的概念没有严格按照形式逻辑中关于"种差+属"的定义方法来界定，而是以较为随意的类比、列举、描述等方式来界定。这就使创业在高等教育中的运用成了一件具有危险性的事情，因为传授给学生的"创业"一方面没有经过严密的科学论证，另一方面在实践中的可操作性一般化。所以，学校开展创新创业教育要进一步明确的是开展具有探索性的创新创业，而非一般性的商业贸易，要努力让师生获得掌握知识资本化的能力。

（二）确立知识资本化的核心地位

国内学校开展创业教育的目标或核心在于培养学生创新创业的能力、意识和精神等，其本质指向的是以学生为主体的教育，这无可厚非，但是只靠理念的指引，效果并不好，这些理念都是完全正确且值得提倡的，但是在操作中却存在诸多困难，不能一针见血地指出创新创业教育的核心。在高等教育所鼓励的创新创业教育中，无论是一般性企业创建还是创新创业，盈利仅只是最基本的需要，知识资本化才是其核心需要。广泛开展创业技能、企业管理知识的培训，最大的弊端就是妨碍了教师和学生对知识资本化的认识，将学术研究、知识学习与创新创业作为两件事情，削弱了高等教育服务经济社会发展的作用。学校的创新创业教育要正确面对这一薄弱环节，努力确立知识资本化的核心地位，以此为核心建构创新创业教育的体系和模式。

（三）处理好知识资本化和非功利性的关系

以创业促进就业是一个好的思路，但这似乎不应该是学校的主要工作，而是应该由政府推动。学校以此为目的普遍开展创业培训，过早地束缚了学生的思维和创新意识，引导学生更多地关注创业的建构属性，在一定程度上剥夺了其探索的勇气。我国高等教育的根本任务是立德树人。创新创业教育作为立德树人的重要组成部分，要摒弃以创业促就业的功利思想或努力让学生通过创业成为百万、千万富翁的实用观点。开展创新创业教育并不是为了让学生成为功利主义的人，而是培养学生创新创业的劳动精神，促使其能够全面发展。学校的创业教育不是为了解决就业问题的培训，而是为未来几代人设定"创业遗传代码"，以造就最具革命性的创业一代。

（四）鼓励创新创业的草根精神

创新创业从本质上来看，具有非规划性、实用性不明确等特征。特别是创造性的工作是一个不可分割的整体，不是通过灌输创业知识、培养创新精神和创业精神，就能使学生具备创造性工作的能力。所以，必须营造相对宽松的创新创业教育环境，鼓励学生从自身的专业、兴趣等方面开展主动性的学习研究，并充分保护学生的好奇心。

三、学生创业教育模式的内涵

从本质上说，创业教育就是指培养学生创业意识、创业素质、创业技能的教育活动，即培养学生适应社会生存，提高能力，使学生掌握创业的方法和途径。学校的创业教育实际上是学生素质教育、创新教育的一部分，是适应知识经济发展、拓宽学生就业门路和构建国家创新体系的长远大计，也是高等教育功能的扩展。

创业教育是一种使人的素质不断提高的终身教育，而不仅仅是一种专业技能教育。创业教育的核心是创新教育，以发掘人的创造潜能、弘扬人的主体精神、促进人的个性和谐发展为宗旨。

创业教育，从广义上说是培养开创性个性，它对拿薪水的人同样重要，因为用人机构或个人正越来越重视受雇者的首创精神、冒险精神、创业能力、独立工作能力以及技术、社交和管理技能。从狭义上说，创业教育旨在培养学生的创业意识、创业素质和创业能力，通过各种教育手段，不断提高学生的综合素质，以满足知识经济时代对学生创业精神、创业能力的需求。

目前，我国学校的创业教育还处于起步发展阶段，其中一个值得关注的重要问题就是现有的创业教育模式还不够完善，致使学生创业教育的现实状况与学生迫切的创业需求存在着较大的距离，这无疑给学校提出新的任务和要求，学校需要努力构建学生创业教育的新模式。

模式是一种问题的解决思路，它已经适用于一个实践环境，并且可以适用于其他实践环境。换言之，模式其实就是解决某一类问题的方法论，即把解决某类问题的方法总结归纳到理论高度，体现出一定的应用形式或样式。基于这样的定义，我国学生创业教育模式可以归纳出多个类别。比如，研究型学校创业教育模式、教学型学校创业教育模式和服务型学校创业教育模式。又如，可将创业教育模式划分为课堂式创业教育模式、实践式创业教育模式和综合式创业教育模式。由上可知，学生创业教育的模式不是唯一的，而是多样的，每一所学校都应结合实际选择适合本校的创业教育模式。不管是哪一种创业教育模式，其构成都应该包括五个方面：实施目标、专门课程、训练项目、保障机制、内外环境。

四、学生创业教育模式的现实特点

学生创业教育模式是在现实应用中发挥作用的，随着创业理论研究的深入和创业教育实践的发展，将会出现多种多样的创业教育模式。虽然各个类型的模式呈现出多样性和层次性，但诸多创业教育模式仍具有一些共同的特点，主要表现如下：

（一）导向性

创业教育的最高目标是为社会培养大量创业型人才，使其在工作岗位上发挥才能，成为社会经济发展、科技创新的推动力。这样的目标虽然好，但是不符合实际。而实际需要把握的是学生创业教育的现实目标，重在培养学生的创业精神、创业知识、创业意识，达到以创业带动就业的目的，这才是学生创业教育的根本方向和追求。因此，如今在开展学生创业教育过程中，要充分认识到模式的导向性，应将以创业带动就业作为最基本的创业教育模式构建与实施要求。

（二）全面性

创业教育是面向学校所有学生的，其本质就是素质教育。在各个类型的创业教育模式中，其包含的内容都应全面而具体，不仅体现在世界观、人生观、价值观以及人生规划，还包括创新思维、创造力开发以及创业原理、创业技能、经营实践等。在实际的内容安排上，学生创业教育内容主要涉及四个方面：创业意识教育、创业知识学习、创新能力培养、创业实践活动。这四个方面的内容构成一个整体，缺一不可。

（三）实践性

创业教育与传统应试教育有很大区别，其更注重理论与实践的结合，没有实践的创业教育是空洞而粗浅的。无论是哪一种类型的创业教育模式，都必须强化理论知识学习与实践应用体验结合、课内安排与课外安排结合、校内教育与校外教育结合，突出创业实践训练环节。要注重引导学生强化实践意识，养成"学中做，做中学"的习惯，鼓励学生积极参与生动的创业实践活动，在实践中锻炼和提高自己。

（四）变化性

创业教育是在持续发展中不断推进的，其内容和形式不是固定不变的，而是动态变化的，所以创业教育模式也必然是发展变化的。这就要求学生创业教育模式要不断吸取新思想和新技术，在师资、教材、项目、内容、方式等方面及时更新，进而得以改进与加强，使创业教育中的诸多因素能够适时优化，使其日趋完善、符合时代的需求，确保有效发挥其应有的作用。

（五）过程性

学生创业教育的内容十分广泛，涉及管理学、创造学、心理学、社会学、经济学、法学等相关学科知识，既有理论教学，又有实践训练，需要按计划、分学期逐步落实。因此，学生创业教育模式的构建与实施应贯穿于学校教育的全过程，绝不是阶段性、片面性的应付，要从学生入学开始，按照年级分别确定可行的创业教育目标、教育内容，并选择相应的教育方式、方法，做到有计划、有内容、有实训、有标准、有考核。

（六）特色性

学校开展学生创业教育不能千篇一律，切忌简单效仿。每一所学校应当在现实中求创新、求突破，彰显自身的创业教育特色。从根本上来讲，形成创业教育特色主要体现在模式上，这就意味着学校必须打破僵化、单一的学生创业教育模式，大力突出模式的个性化和多样性。可以断言，一所学校的创业教育开展得好，其创业教育模式必定是具有特色的，在很大程度上特色决定成效。

第二节　构建创业教育的特色模式

一、创业教育模式中特色的重要性

高等学校的学生创业教育必须有自身的特色，包括特色教材、课程设置、教学方法、培养目标、管理模式、管理风格、教育教学组织运作形式、校园文化等。只有构建富有自身特色的学生创业教育模式，才能以特色求生存、以特色求发展。为适应国家实施科教兴国战略和人才强国战略的需要，落实中央"以创业带动就业"的决策部署和教育规划纲要，当前我国学校应深入贯彻落实科学发展观，围绕培养拔尖创新人才的目标，把创业教育纳入人才培养方案，形成"专业教育+创业教育"的创业教育人才培养模式，探索构建全方位、立体化的创业教育模式，大力推进创业教育，切实做好学生创业指导和服务。具体可从如下方面着手。

第一，更新观念，升华认识，建立明确清晰的创业教育目标体系。

一是认识创业教育内涵，建设创业教育文化。明确以人为本、追求质量、崇尚创新、强化能力的创业教育理念，在内容上坚持与专业教育、实践教育、学生理想信念教育、校园文化活动、学生管理、就业指导和服务相结合，推进创业教育的全方位、立体化，探索具有示范作用的创业教育模式，建设鼓励探索、鼓励创新、允许失败、宽容失败的创业教育文化。学校师生都应有"创业是当代学生应负起的时代责任，创业教育是素质教育的重要环节"的意识。二是强化学生创业意识，培养创业精神。开展主题教育活动，弘扬创业精神。例如，在"创业从点滴做起"的主题实践活动中，组织学生深入企事业单位并开展实践调研。三是修炼学生创业内功，提高创业能力。把创业教育融入专业教育，通过专业教育培养学生基本的创业技能；大力推进创业教育，指导扶持一批学生创新创业团队；通过创办公司、组建创业工作室等实践训练，加强学生将知识转化为财富的能力。四是培育学生创业典型，发挥其带动作用。

第二，扎实推进、锐意进取，探索富有成效的创业教育实施体系。

一是规范创业培训，建设创业教育教学系统。根据人才培养目标，对课程体系进行整合优化，开设创业教育通识类、技能类、实训类课程。例如，开设 SYB 培训课，成立 SIYB 培训项目管理部，建设学员信息数据库和创业项目信息数据库；引进欧洲模拟公司创业实训技术，开办创业实训试验班，指导学生成立模拟公司。二是依托基地建设，建设创业教育实践系统。设立创业实践学分，依托校内实验室、工作室、学科性公司及校外高新技术企业，与政府机构、企事业单位合作，建立创业依托基地、实践基地、模拟基地。三是搭建创业服务平台，建设创业教育服务系统。创建学生创业综合性服务网站；成立学生创新创业素质培养学校；建立学生创业就业服务体系；建立学生创业园，开展项目孵化等服务；启动学生创新创业项目；等等。

第三，优化机制，整合资源，构建有力的创业教育保障体系。

一是党政高度重视，形成制度保障。学校成立学生创业教育领导小组；将创业教育纳入学校培养方案，建立评估和激励机制。二是成立组织机构，强化组织保障。学校成立学生创新创业指导中心，二级学院培养创业教育专干，班级培养创业教育委员，建立创业教育校、院、班三级组织；学校建立"学生创业教育指导教师专家库"，组建创业课程教师、创业团队指导教师和创业导师队伍，满足创业教育多层次、多样化需要。三是增加经费投入，提供财力保障。把创业教育的经费列入学校预算，并不断增加对创业教育的投入。四是加强场地建设，完善物质保障。设立集创业培训、创业实践、网络服务和成果展示功能为一体的"学生创新创业教育实践基地"。

二、积极构建中国特色学生创业教育模式

（一）创新我国学生创业教育理念

教育理念是人们对教育及其实施过程的基本主张，通常表现为人们对有关教育的信念、价值及活动准则的认识。所谓学生创业教育理念，就是学校在培养创业型人才中对创业教育信念、价值及活动准则的认识。在构建学生创业教育模式时学校必须树立这五种理念。一是创业教育既要针对学生中的精英分子，又要考虑到所有在校学生；二是创业教育是为社会培养创业人才，以减轻学生的就业压力，也是使学生成为社会经济发展、科技创新的推动力；三是创业教育不仅仅是学校自身的任务，还是全社会共同关注的问题，是一个复杂的系统工程；四是创业教育不是对现有的就业教育、择业教育的简单否定，而是对

现行就业模式的深化与提升，是对就业教育与择业教育的辩证的否定；五是在构建创业教育模式时，必须坚持理论与实践相统一、共性与个性相统一，使学生创业教育模式既符合高等教育的一般规律，又能体现各学校的自身特色，既具有科学性，又具有可操作性。

（二）构建学生创业教育特色模式

当前，在学习和借鉴西方学生创业教育经验和模式的基础上，我国学生创业教育有了系统和长足的发展，各种模式在实践中不断完善，特色较为鲜明。目前我国学生创业教育存在三种模式：一是强调创业教育"重在培养创业意识，构建知识结构，完善综合素质"，将第一课堂与第二课堂结合起来开展创业教育。二是以提高学生创业技能为侧重点，其特点是学校实行商业化运作，建立"学生创业园"，教学生如何创业，并提供资金资助以及咨询服务。三是实施综合式的创业教育。一方面注重学生基本创新创业素质的培养，另一方面为学生提供创业所需资金和技术咨询。三种创业教育模式中，第一种模式重创业意识的培养，轻创业实践活动；第二种模式重实践技能培养，轻创业意识灌输；第三种模式是我国今后学生创业教育的发展趋势。许多学校已经在课程设置中将创业理论列入必修课，有的院校在推广SYB课程，这使越来越多的学生接受到创业意识和创业理论知识的教育。但必须承认，我国学校创业教育中创业实践环节相当薄弱，可供学生创业实践的创业孵化基地或创业科技园的数量远远不能满足广大学生的需求。为推进学生创业教育向深层次发展，必须把创业实践环节作为创业教育的重中之重，为学生提供充分的创业实践条件。

（三）从具体操作层面构建适合国情的学生创业教育模式

创业本身是一个鲜活的过程，因此创业教育的教学模式不能呆板僵化。创业教育过程主要由理论教学、案例教学和实践基地教学等基本教学环节构成。

1. 理论教学

创业理论教学的实质是学习创业。学习不仅是创业的第一阶段，而且贯穿创业实践的始终。通过学习创业理论，学生可以了解创业的基本知识，了解创业的准备过程和程序，掌握创业的基本规律。在创业教育中，教师要注重指导学生有效地进行有关创业的体验，使学生获得创业的感性认识，从而激发学生的创业意识。学校可以通过邀请创业企业家、创业成功的校友参加创业讲座并介绍创业、立业、敬业的事迹，来增强学生的创业意识，鼓励学生将自己的专业技能和兴趣特长相结合，把创业作为自己未来的选择，实现人生价值。

2. 案例教学

案例教学可以增强创业教育的趣味性和针对性。教师进行案例教学时，不仅要讲成功的案例，也要讲失败的案例，目的是让学生从经验中学习，将经验和教训升华到理性认识。案例教学更有利于提高学生的学习兴趣，有助于使学生初步了解创业的机制，感受创业的环境，增强对创业的分析能力。

3. 实践基地教学

创业是实践性很强的活动，学生除了要学习理论，还必须通过创业的实践活动来强化创业意识、培养创业精神、消化创业理论、提高创业技能。创业教育实践基地的建设是创业教育的重要组成部分。创业教育的实践基地可分为两类。一是参观实习基地，学校可以联系各类公司，供学生参观实习，目的是让学生感受创业，强化创业意识；二是模拟创业实践基地。模拟创业实践基地可为学生提供实战场所。学校在实施创业教育的过程中，要采用校企联合的模式。学校可在企业创立学生创业实践基地，学校本身也可以利用自身的优势创办一些实体企业基地，为学生提供创业实战演习场所；学校也可以根据学校专业设置情况，制定创业培养计划，鼓励广大同学在不影响学习的情况下，利用周末及业余时间创立一些投资少、见效快、风险小的实体企业，让学生从中体会到创业的乐趣与艰辛。

（四）构建"三位一体"学生创业教育模式

学生就业是重大的民生问题。开展学生自主创业教育，提升学生自主创业能力，是学生素质教育的重要组成部分，也是培养具有创新精神和创造能力的创新型人才的重要途径。

学生创业教育既包括理论知识的传授，也包括实践技能的培养。当前，我国学生创业教育主要存在三方面问题。一是认识片面，缺乏对创业教育的深刻理解。我国创业教育的原动力之一是解决就业问题，这样的目标设定使创业教育被简单地理解为如何引导学生创办企业，如何通过创业教育减轻就业压力。事实上，创业教育不仅仅是一种就业教育，更是高等教育创新人才培养模式的一个切入点。二是模式封闭，内容陈旧，方法途径单一。在教学模式上，大多数学生创业教育局限在校内和课堂，搞统一的教学计划，忽视学生的个性特点，显得较为陈旧、封闭；在教学内容上，以专业为中心，以行业为目标，专业面偏窄，知识结构单一；在教学方法上，创业教育偏重理论性、知识性的传授，较少开展实践活动。三是师资力量不足，缺乏专业的创业教育师资队伍。专业化、正规化的创业教育师资队伍还未形成，有的教师在进行案例分析、操作练习时不免纸上谈兵，既有先进教育理念又有丰富实践经验的"学者型企业家"或"企业家型学者"非常缺乏。

针对学生创业教育存在的问题，学校应努力构建"创业教育+模拟实训+创业实践"的"三位一体"创业教育模式。这种教育模式强调以创业教育为基础，以创业运筹、创业营销战略等为主要内容，通过创业理论课程教学，使学生积累创业所需的知识；以模拟实训为实践教学的主要手段，帮助学生了解创业过程；让学生在学校创业园开办企业，或在创业园实习，使学生的创业能力真正得到提升。构建"三位一体"创业教育模式，需抓好以下几方面工作。

1. 大力营造创业文化氛围

创业文化是指敢于开创事业的思想意识以及相应的价值观念和鼓励创业的社会心理的总和。学校实施创业教育，应重视创业文化的培养，营造浓厚的创业文化氛围。

2. 深入开展创业教育理论研究，建设创业教育师资队伍

深入开展创业教育理论研究，并注重对创业教育实践进行总结，形成一套较为成熟的理论体系来指导创业实践；重视师资队伍建设，鼓励支持教师通过创业体验或通过定期参加创业组织、创业协会的活动以及同企业家交流创业经验，获取创业教育的鲜活材料和信息，培养既有理论基础又有实践经验的创业教育师资队伍。

3. 加强实践环节，建立校企联合模式

学校开展创业教育，应该建立校企联合模式。学校可以通过产、学、研结合的方式，建立学生创业实践基地，强化实践教学环节；学校也可以通过向校办产业、研究所、科技开发公司等筹集资金，建立创业基金会、创业协会等组织机构，为学生提供创业实践场所。

学校要提供坚实的创业实践组织保障。学校领导和教务处、学生管理处等相关部门组成创业组织指导机构，负责对学生创业活动的组织管理；学校可建立创业活动固定场所，如一定规模的学生创业孵化中心或创业园；学校还可出台鼓励政策，如建立学生科技创业基金，为创业团队提供创业资助并减免租金、水电费、通信费等费用，扶助学生创业团队开展创业实践。

（五）"双平台、双层次"学生创业教育培养模式的科学构建及运行

在众多的学生创业教育培养模式中，一种体现学生特性、发挥学生创新能力、注重培养学生创业意识的"双平台、双层次"创业教育培养模式，在实践探索中不断成熟和完善起来。此模式也很好地体现了针对不同教学对象的分层教育理念。该模式对丰富学生创业

教育培养模式的实践具有一定价值。

1. "双平台、双层次"创业教育培养模式的科学构建

"双平台、双层次"创业教育培养模式是基于创业教育对象是学生这一条件被提出的。学生创业教育与社会上的创业教育有所不同。学生创业教育的目的不是快速培养一名企业家，因此，学生创业教育不能功利化，也不能形式化，而是应当让学生在接受创业教育的过程中去进行自我教育，在接收创业信息、继承创新精神的同时，提升自身的创业素养，提高创新能力。为此，我们提出了涵盖广大学生而非只针对个别学生的、科学的、具有层次性的学生创业教育培养模式。

"双平台、双层次"创业教育培养模式利用两大创业教育平台，针对学生的不同阶段，有重点、有目的、有层次地进行创业教育。双平台由"三个课堂联动的教学平台"和"三类实践互促的实践平台"构成。教学平台主要侧重于培养学生的创业精神、创业观念、创业意识，比较偏重模拟教学。实践平台则更加侧重于培养学生的创业实践能力，以培养真正的创业者。"双层次"教育则是根据学生的不同阶段，依托两大创业教育平台具体开展对学生的创业教育。

2. "双平台、双层次"创业教育模式的实践

（1）双平台实践

①构建三个课堂联动的教学平台。"三个课堂"是根据创业型人才培养的要求和获取知识与培养能力的规律来设立的。因此，学生创业教育过程可以分为三个部分，即第一课堂（创业理论课程）、第二课堂（创业活动课程）和第三课堂（创业实践课程）。这三个部分既相互分离，又相互联系，形成一个有机整体。

第一，学生创业教育"第一课堂"——创业理论课程。在学生创业教育"第一课堂"中，教师主要采取理论课程教学的方式对学生进行创业教育，通过理论课程培养学生的创业意识，为学生传授创业知识，培养学生的创业技能。创业理论教育有学科渗透、必修课和选修课三种形式。创业教育的学科渗透是把各学科的专业教育和创业教育有机结合起来，以学生自身专业为基础进行的创业教育。比如，以文科教育为基础进行创业意识的教育，以理科教育为基础进行创业知识的教育，以技能教育为基础进行创业技能的教育，等等。创业教育的必修课程是学生创业教育的基础课程，学校要尽可能地让学生都参与该课程的学习。在必修课程中，学校可以开设创业意识课、创业常识课、职业指导课、创业技能课、公共关系课、经营管理课、法律知识课、市场营销课等。例如，学校以 KAB、SIYB、创业心理教育等课程为载体，对学生进行创业课程教育。创业教育的选修课程则是

学生根据自己的爱好、兴趣、特长以及不足等有选择地学习的课程，选修课程可以满足不同学生的发展需要，有助于学生弥补自身的缺点。

第二，学生创业教育"第二课堂"——创业活动课程。学生创业教育"第二课堂"以培养学生的创造能力、帮助学生获得创业经验为目的，让学生在创业活动中去感悟和体会创业教育。创业活动主要包括开设创业论坛、举办专题讲座、举行创业计划竞赛、参观访问成功企业等。学校可以开展学生课外科技作品竞赛、学生科研创新计划竞赛、学生创业计划竞赛、学生程序设计大赛、机械设计大赛、数学建模大赛、创业金点子大赛等活动项目。与此同时，学校中出现了一系列精品讲座、论坛活动，主要包括"做人做事做学问"名家系列讲座、师生"讲述自己的故事"、政府和企事业单位领导主讲的"地方社会经济发展论坛""企业家论坛""百名优秀企业家、高级管理人才进学校"等。这些活动邀请来的一些成功企业家和著名人士给学生带来了各种各样的案例，能够让学生看到不一样的成功特质，对学生的直接影响很大，对学生发现适合自身的成才方式、寻求人生发展机会都有很好的启迪意义。

第三，学生创业教育"第三课堂"——创业实践课程。创业实践课程不同于活动课程，它涉及直接的动手操作等诸多方面。在创业实践课程中，指导老师与学生组成一个团队，让学生通过模拟创业，亲身体验创业的流程及方式。指导老师也可把学生分配到企业内部进行实战演练，让其将理论和实践结合起来，对学生的创业过程进行直接指导。

②构建三类实践互促的实践平台。"三类实践"是指创业课程实验、创业基地实训和创业社会实战。创业课程实验以课程实验为主要内容，旨在提高学生的创业理论水平；创业基地实训以扶持创业团队进行创业活动为主要内容，旨在培养学生的创业实践能力；创业社会实战以政府、学校、企业相结合的创新活动为主要内容，旨在为学生提供真正的创业机会，增加他们在商界的实战经验。

第一，创业课程实验。创业课程实验是在课程教育的过程中，模拟一些企业行为，让学生来充当模拟创业者，并让其从中体会创业需要哪些基本条件。课程实验可以利用KAB、SIYB等创业教育课程，通过角色模拟、沙盘演练、商业游戏等方式来完成。

第二，创业基地实训。学生创业教育具有一定的实践性。但是如果让学生直接进入社会进行创业，不仅难度很大，而且风险非常高，成功率也会相当小。让学生在创业基地的真实环境中进行创业实践，能够有效培养学生的创业意识，提升学生的创业能力。目前，我国许多学校创立了学生创业孵化中心或学生创业园等创业基地，为缺乏创业经验和办公场地的学生创业者提供一段时期的孵化平台和政策扶持。创业基地的建立让学生的创业实践不再仅仅停留在"纸上谈兵"的层面上。

第三，创业社会实战。学生的创业最终还是要回归社会。学校在学生创业教育的后期，要探索一定的途径来帮助学生进行创业社会实战，把一些优秀的创业项目引入社会。学校要为学生创业提供一系列的服务，如协助创业团队办理税务登记、工商注册，提供企业管理、法律咨询、专利申请、科技计划申报等服务。

创业中心还要联系地方创业基地，帮助成熟的创业团队做好入驻工作；组织校内外有关专家和管理咨询机构以提供一系列的咨询服务和人员培训；提供会议室、接待洽谈室、培训教室等公共设施；帮助学生创业团队进行宣传以获得社会的投资。创业指导中心定期对入驻基地的创业团队进行业绩管理与评价，安排学生的创业成果推介会，通过推介会将学生的成果推介到相关企业，或者帮助学生筹集资金，实现自己的创业梦。

（2）双层次阐述

针对不同教学对象，创业知识教育实施分层次教育，即"普及层创业教育+提升层创业教育"相结合。"普及层创业教育+提升层创业教育"方式，实际上是学校创业教育目标和理念的具体体现。

①创业教育培养普及层。对全体学生，教师要采用普及型创业教育方式，以培养学生的创业意识和创业精神为教学目标。学校要在全校范围内开设创业教育的必修课和选修课，辅导学生进行创业计划的制订，举办一些创业类的讲座、论坛，邀请一些企业家来给学生普及创业知识，与学生分享创业经验。学校还要从学校一年级开始培养学生的创业精神和创业能力，并随着年级的升高加大这种教育力度。各学校的"学生创新创业训练计划"是开展普及型创业教育的良好载体，它使学生创业教育四年不间断。普及层创业教育是面向全体学生的教育任务，有助于培养学生顽强的意志和实际动手的能力，使学生在毕业的时候能够敢于面对激烈的就业竞争，以创业者的心态打工并使自己脱颖而出，在条件成熟的时候还能进行自主创业。在教育设计方面，教师要注重理论教学与实践教学的相互结合，专业课程与创业知识课程的相互渗透。

②创业教育培养提升层。对在校期间有创业能力和创业条件的学生，教师要采用提升层创业教育方式，以培养创业者为教学目标。学校要为学生提供一定的创业培训和创业支持，培养自主创业者。例如，学校可采用"项目准入、全真管理、企业孵化、定期考核四级联动模块"创业指导模式，通过提供专业的创业教育以及在学生创业过程中提供创业基地和创业启动资金，积极推动学生进行创业尝试，积极鼓励学生组建创业团队以培养创业者，定期对学生创办的公司进行考核评比。

提升层创业教育面向的是具有明显创业倾向且有家庭商业背景的学生，教育目标是培养学生的创业精神和创业能力，使他们成为自主创业者。在教育设计上，学校除了要让他们接受普及层创业教育外，还要开设一些直接与创业相关的知识性和技能性课程，让学生参与模拟并获得直接的创业经验。在学生接受普及层创业教育后，教师通过一定的选拔方式选取具有明显创业倾向的学生接受提升层创业教育，以培养未来的创业者。

3. "双平台、双层次" 创业教育培养模式的保障机制

学生创业教育是一项牵涉面广、环节诸多的系统工程。我们要想有效推动"双平台、双层次"创业教育培养模式的可持续发展，需要建立机制来保障模式的运行和促进模式的优化。

(1) 课程保障体系

在"双平台、双层次"创业教育培养模式中，学校要针对学生设计一套理论与实践相结合的创业教育课程体系，形成课程教学大纲，对他们进行创业观念、创业知识、创业方法、创业技能等方面的教育和培养。学校在设计课程的时候应当考虑创业教育课程与其他各门课程相互配合、相互协调、相互支持，使学生的创业意识和创业能力得到比较系统的提升，从而达到培养高素质创新人才的最佳效果。

(2) 师资保障体系

高素质的师资队伍是学生创业教育成功的保障。学校首先应当实施一系列激励教师和引导教师积极参与创业教育的政策，建立学生创业教育师资队伍培养机制，夯实学校创业教育体系的师资队伍基础。其次，学校要安排创业教师走入企业、融入社会，使其将社会创业经验和创业实践的一手资料带回学校，使创业教育更加贴近实际。最后，学校还应当聘请政府部门、知名企业、相关学科领域的技术能手成为学校创业导师。

(3) 硬件保障体系

由于创业教育具有很强的实践性，所以创业教育对实践场地、教学设备和教学设施等硬件设施的要求就比较高。在开展创业教育之前，学校要改善创业教育条件，保证创业教育和学生创业实践的顺利进行。学校要尽最大努力为创业教育增设新场地和新设备，不断提升创业教育的水平。

(4) 经费保障体系

在学生创业教育的过程中，资金非常重要。学生创业教育是综合性很强的教育，在教师培训、场地环境、教学设施和实践环节中都需要一定的资金保障。学校应当盘活内部资源、积极争取外部资金，从多渠道、多层面解决创业教育的经费保障问题，为学生创业教育提供资金支持。

第三节　创业教育改进的路径

当前，我国学生就业与创业面临巨大压力，解决当前学生创业教育问题，提出新的思路和具体措施，破解学生就业创业难题，是进行当代学生创业教育研究的主旨，更需要多方介入与合作。

针对我国学校创业教育目前存在的主要问题，在借鉴经验的基础上，我们提出将学校创业教育"一体两翼"作为统筹全局的顶层设计：学校为创业教育的主体，政府与社会则为两翼。学校是创业教育的实施者，在所有学校的创业教育中，学校始终居于核心主体的地位，其主动整合开发资源，以推动创业教育的发展。政府是创业教育的引导者，社会是创业教育的助推者，是对学校创业教育起到促进作用的力量。创业是一项社会活动，参与经济运行，社会是学生创业的舞台，良好的社会创业环境与资源支持可以提高学生的创业成功率。

此外，我们应运用马克思主义辩证法，注重内因与外因的结合，学生个人属于内部因素，在全力打造新型"一体两翼"的同时，要把学生个人的全面发展作为一个要点。

随着前几年"大众创业、万众创新"理念的提出，国家对学校的人才培养提出了新的要求。创业精神不但是创业的动力源泉，而且是创业者的精神支撑，是创业者能否创业成功的决定性力量。

在创业教育实施过程中，要充分利用多种途径提升创业教育的效果，不断充实创业教育内容，丰富创业知识，注重培养学生的创业人格，坚定其创业信念，锻炼其创业意志，培育其创业品质，从而增强其创业信心，提高其创业能力。

一、塑造学生的创业人格

人格是人在某个特定的社会环境中表现出来的情绪、思想和性格等的总称，人格决定了人们的行为模式。随着互联网时代的到来，我国学生在这个经济大背景下开启了创业的新浪潮，学校毕业生已经不再被动地被挑选，他们选择以自主创业来代替就业。

因此，更好地培养学生的创业素质，提高他们的创业成功率已成为学校的工作重点。创业教育在塑造学生创业型人格时应充分利用学科优势。具体来说，创业人格包含以下几个方面的内容。

（一）创业人格包含坚定的意志力

意志是一个人源自内心深处的力量，有了坚定的意志，才能更好地指导自己的行为。在创业过程中，学生不仅需要选择一个适合的行业，还应该坚定自己的意志，下定决心完成自己的梦想和抱负。在现实中，大多数创业成功的人士都有不可动摇的意志力，他们坚信只要努力就会成功。这种信念不断地鼓励着他们，让他们为创业成功而不断努力。因此，在培养学生创业人格时，教育者首先必须鼓励他们形成坚定的创业意志，这是创业成功的最基本保障。

（二）创业人格包含优良的道德素质

人类与动物的本质区别就在于人类受道德素质的约束。在创业过程中，创业者不可避免地需要拓展人际关系。对于创业者来说，较高的道德素质对维持良好人际关系有重要作用。创业者在创业时除了需要维持与合作伙伴的关系外，还需要得到家庭和朋友的支持与理解，这是创业成功的后盾。除此之外，创业者还必须具备良好的职业道德，拒绝不正当竞争、偷税漏税等违法行为，处理好与同事、竞争对手、消费者的关系。在创业人格培养的过程中，教育者不仅要提高创业者的道德素质，还要培养创业者的自我约束能力，让其在面对各种诱惑时能全身而退。

（三）创业人格包含长期吃苦的精神

创业过程的艰苦不需赘言，在创业过程中学生创业者会遇到许多人生中从来没有遇到过的困难，这对他们来说是一种极限挑战。只有内心坚毅的人才能不畏前途险阻，完成自己的梦想。在创业过程中，虽然创业成功带来的快乐能给创业者一定的动力，但最重要的是依靠创业者内心的毅力来支撑他们克服一个又一个困难。"吃苦耐劳、迎难而上、坚持不懈"是对创业者最好的夸赞。在创业教育中，教育者要注意让学生培养吃苦耐劳的精神。第一，要用唯物辩证法引导学生创业者树立正确的价值观，让学生明白创业的过程肯定是在曲折中前进的，最后的收获要看你最初的付出。第二，要提高学生面对挫折时的心理承受能力，全面提高学生的心理综合素质，失败时敢于承担。第三，要帮助学生树立正确的道德观念，使其明白吃苦耐劳是优秀的品质，好逸恶劳是可耻的，积极创业是对自身价值的肯定，不要被动等待就业。第四，要加强对学生艰苦奋斗精神的培养，弘扬先辈们创业时的优秀事迹，以他们为榜样。

二、增强学生的创业能力

要想创业，首先要明确如何创业，也就是要"会创"，这也是创业知识存在的意义。创业知识主要包括创业起步、目标确定、信息搜集、人际沟通和策略设定等方面的内容。这些内容既相互独立又相互联系，因而要想系统掌握这些知识，学生就要建立一张关于创业知识的网络，并在此基础上熟练掌握各种专业能力。然而事实上，创业能否成功与专业能力有关，而专业能力不是决定性因素，学生还必须具有管理能力等创业能力。因此，学生不仅要具备专业知识，还要具备一定的创业能力。

创业能力是创业中不可或缺的能力，也是创业型人才必不可少的能力。创业教育应与学科内容充分结合，综合运用多种教学方法培养学生的各项能力。学生必须培养的创业能力主要有三个方面，即社会交往能力、专业技术能力及实际操作能力。

(一) 社会交往能力

创业看起来很简单，实际上涉及很多方面，如经济、文化和社会等，牵扯较多，而这单凭一两个人的力量是难以完成的，因此，创业离不开人与人之间的社会交往。在信息化社会，快捷方便的信息传播方式将各个地方的人们紧密联系在一起，因而创业者一定要具备较强的社会交往能力，懂得集体生活和与人合作，只有这样才能走向创业成功之路。如果不能与人友好合作，只知道单干，在人员任用上无法做到知人善任，甚至于钩心斗角，那么想要取得创业成功几乎是不可能的事情，即使取得了成功，时间也是短暂的，失败终将到来。创业教育工作者要鼓励学生建立良好的人际关系，使其不断改善和发展人际关系。学校要通过多姿多彩的集体活动，用常规的理论知识对学生的各项能力进行培养。实习教学的重要作用也不能忽视，其可以使学生在计划、调研、组织、调控、决策及合作中获得更高的能力。因此，在创业教育过程中，教育者一定要鼓励学生不断发展人际关系，而在学校，发展人际关系的途径比较单一：一是依托学生社团进行互动和交往；二是依托校园文化活动进行人际交往。

(二) 实际操作能力

实际操作能力其实就是将理论与实际相结合并应用于具体实践中的能力。实践活动能不断提升学生的自主创业能力，而这种能力在一定程度上反映了学生的创新思维和社会交往能力。要想将创业想法变成现实，创业者仅仅有创业精神是不够的，还必须具备相应的实际操作能力。因此，在整个创业教育过程中，实践课程的开展是重中之重，一方面，学校可不定期开展创业技能大赛，提高受教育者的动手操作能力；另一方面，学校可开发实践项目或建立实践基地，鼓励学生模拟创业，进行项目开发，在真实情境中提升动手操作能力。

（三）专业技术能力

专业技术能力包括两类。一是行业技能。所谓行业技能，就是和所创办企业主经营项目相关的操作能力和对新技术的理解能力等。关于行业技能的训练，可以通过模拟创业活动来进行，这样一方面可以让学生详细了解创办公司的程序，另一方面也可以培养学生的创业能力。二是专业方法技能，包括捕捉市场机遇、挖掘人才、处理信息、调整经营方向、策划营销等技能，其中最重要的就是挖掘人才的技能。

21 世纪最重要的是人才，决定一个企业发展情况的也是人才。因此，只要不断招揽人才，并合理运用这些人才，发挥整个团队的实力，企业就可以不断克服发展中的各种困难，从而立于不败之地。当然，专业方法技能除了之前提到的几种技能外，还包括电信设备使用技能、计算机操作技能和外语技能等。

三、培养学生吃苦耐劳精神

（一）吃苦耐劳精神

吃苦耐劳是一种精神，是人意志品质的表现，与创业人格、创业能力等素质一样，都对学生创业有着重要影响。它的外在形式随着时代的进步、人类生存条件的发展变化而呈现多样性和变动性，在不同的历史时期表现出不同的内涵，但其本质却是永恒不变的，具有超时空的普遍意义，代表了社会前进的方向，并非在艰苦生活条件下的权宜之计，而是贯穿于人类社会发展始终的精神支柱。这样的精神状态和行为品质，不论过去、现在还是未来都具有无可争辩的时代价值和重要意义。

古人说："吃得苦中苦，方知甜中甜。"只有乐没有苦的人生是不存在的，欢乐与痛苦相依，艰辛与甜美共存，苦与乐总是相依相随。吃苦耐劳是人生的立业之基、成业之本。如果说老一辈的吃苦耐劳是环境所迫，那么当代学生则需要自觉培养吃苦耐劳的精神。

（二）吃苦耐劳与学生创业

学生在创业过程中，由于资历、经验、资金、人脉等条件的局限，免不了遭受或多或少的挫折，因此遇到挫折时如何寻求应对之策便成了学生的必修课。一些学生从小养尊处优，或是家中的独生子女，父母的掌上明珠，长辈的心头肉，或是学校里的佼佼者，但进入社会后却时常碰壁，很有可能因此而心灰意冷，对创业失去信心。久而久之，我国学生创业成功率会逐渐降低。增强学生抗压能力最好的方式就是培养其吃苦耐劳的精神。吃苦耐劳是中华民族的传统美德，中国自古以来就是农耕文明的社会，人们有着踏实肯干的品质，以及"大不了从头再来"的豪迈气概：处于时代变革的风口浪尖，新时代学生一定要继承这一优秀品德，这样既树立了正确的价值观，又能为创业夯实基础。因此，应当在学校开设吃苦耐劳的教育课程。

传统的教育以教师为主体，学生为客体，学生被动地接受教育者关于吃苦耐劳教育的空洞理论灌输。这一教育过程，在内容、方法、目标上，都忽视了人的情感的体验，只注重学生对吃苦耐劳从不知到知的知识的"外在"积累，而无视人的生命的"内在"自由发展。主要表现在以下两个方面：一是将吃苦耐劳教育限定在课堂上，远离学生的生活实际，将吃苦耐劳品质归结在一张试卷之上，只要学生能答对试卷上有关吃苦耐劳的问题，就认为学生具有了吃苦耐劳的品质，试图将"认知的积累"等同于学生吃苦耐劳品质的培养；二是无视学生的主观能动性，将学生视为被动接受的客体，无视学生的身心体验和情感要求，试图通过理论的强制灌输来培养学生品质。这种在外部压力下的被动式思想道德教育只注重社会教化的过程，忽视了人的自觉性与个体内化的过程。

新时代的吃苦耐劳教育主张采用新的方法，一成不变的教学模式并不适用于所有情况。对学生开展吃苦耐劳、艰苦奋斗教育就是要培养学生吃苦耐劳的优秀品质，从而使其具备创业的能力，而不是为了吃苦而吃苦。

具体而言，吃苦耐劳、艰苦奋斗教育就是以培养学生吃苦耐劳、艰苦奋斗的道德品质为目标指向。从这一道德目标出发，教育工作者应设定特殊的教育情境以适应学生吃苦耐劳品质发展的价值环境，从而激活吃苦耐劳的内部动机系统，再为其创造条件，让其在教育活动中充分体验到需要得到满足的快乐，从而达到对吃苦耐劳的心之向往及执着追求。

教育工作者要使学生将吃苦耐劳内化为个人品质，实现吃苦耐劳教育知与行的高度统一，使学生成为拥有吃苦耐劳习惯的人。马克思说过："情感是一个精神饱满为自己目标而奋斗的人的本质力量。"因此，我们坚信，培养学生吃苦耐劳品质对学生创业大有裨益。可以说，这是学生创业教育的重要一环。

四、学生自我创业能力评估

（一）学生创业能力评价体系内容和要素

学生创业评价要素可以归纳为"创业品质、创业素质、创业实践能力"三大方面。创业品质是与生俱来的，无法通过教育培训获得；创业素质是通过培训、教育等方式形成的综合素质；创业实践能力是创业品质、创业素质与创业实践有机结合后表现出来的综合能力，是创业能力的核心要素。

鉴于创业实践能力在创业能力体系中的核心地位，为其赋予较高的分值。也就是说，创业品质（执着、冒险、创新、领导、直觉、机遇）、创业素质（竞争意识、应变意识、自制意识、管理意识、法律意识、心理素质）、创业实践能力（计划能力、组织能力、指挥能力、协调能力、控制能力、激励能力、创造能力、适应能力、营销能力、财务能力）分别按照30分、30分、40分的分值进行分配。这三部分评价内容所包含的评价要素依据平均的原则进行分值分配。

（二）学生创业能力综合评价方法

学生创业能力综合评价采取定性与定量相结合的评价方式，评价分数采用百分制。每学年由辅导员、班主任、班级同学和学生本人，根据学生参与创业教育及实践的情况，依据评价要素，在分值范围内打分，不同人员的评价分值所占比例不同。

辅导员承担学生日常教育和管理的重要职能，对学生的情况较为熟悉，因此辅导员评价分值占40%。

班主任是学生班级事务的重要组织者，较为了解学生学习、生活等方面的情况，因此班主任评价分值占30%。

虽然班级同学之间最为熟悉，但是为了避免引起同学间不必要的矛盾，同学间的互评分值占10%。为了给学生一定的自我评价自主权，而又不至于影响结果的客观性，学生自评分值占20%。

总成绩是辅导员评价分数、班主任评价分数、班级同学评价分数、自我评价分数四项分数的加权得分。此分数用来衡量一个学生的综合创业能力。

五、家庭层面

家庭对创业教育的支持，对激发学生个人创业激情至关重要。家庭是所有人心灵的避风港，是心灵的支柱。虽然学生进行创业时可能离家非常远，但是家庭对学生创业仍然有着一定影响，平日里的信息交流、家庭长久以来的言传身教，都在不同程度上影响着学生的创业。因此，为了提高学校创业素质与创业能力，家庭应做到以下几点。

（一）摆脱传统观念的束缚

在中国传统就业理念的影响下，父母都希望孩子能安安稳稳、本本分分，像绝大多数学生一样，读书，毕业，工作。大多数家长对子女创业非常不看好，这就对创业教育以及创业事务的开展产生了诸多消极影响。

这种消极看法会影响子女的创业激情，使他们丧失创业信心，从而产生很大的精神压力，就算他们能承受住经济匮乏的压力，也难以承受心理上的折磨。这对学生创业素质的形成与发展都产生了不良影响，严重制约了其在社会中应有的竞争优势的发挥。

经历过创业实践的人就算不能开创属于自己的事业，在创业实践中获得的创业能力、创业意识、创业精神、创业知识也都是今后工作生活中宝贵的财富。因此，家长要摆脱传统就业理念的束缚，鼓励孩子创造创新，提高孩子的素质，使其成为德才兼备的创业人才。

（二）相信子女的创业能力

很多父母以爱为借口，喜欢为孩子做各种各样的事情，喜欢为孩子安排好一切，然而这种爱会让子女产生依赖心理，无法直面困境。就像巴尔扎克所说的那样，"苦难是人生的老师"。社会是一所学校，苦难是最好的老师。苦难能使人奋发，苦难能促使人成熟，苦难能使人坚强和刚毅，但凡成就伟业者，总要先经历一番磨难。没有苦难关，何来成就感。当然，以上所说并不是推脱父母所应该负的"责任"，而是告诉父母这个时候应该对子女有信心，而不是一味地替子女担心。

六、大力开展创业实践活动

学校应在教学环节中积极强化教育的实践性，使学生有更多的机会面对真实的创业环境，提升创业教育课程的实际效果。

（一）实践活动的三个层次

根据在校学生的创业意向，创业实践活动可分为三个层次。

第一个层次以普及创业基本知识、营造创业氛围为教学目标。可在全校范围内开设创业教育的必修课和选修课，开展创业讲座、创业实习等实践活动，普及创业知识，展示创业过程。同时，使学生意识到市场经济为企业的发展带来的机遇与挑战，培养其商业基础技能，营造创业文化氛围。

第二个层次以培养学生创业意识和创业精神为教学目标，举办创业者沙龙，辅导学生参加创业者集训班，参与创业模拟训练、制订创业计划等，培养学生创业思维，提升学生团队合作意识，并随着学生年级的升高加大这种教育力度，使之具备企业家的个性特质。

第三个层次实践活动针对部分有创立企业需求的学生，以开办企业、培养未来企业家为教学目标。采用"项目准入、全真管理、企业孵化、定期考核"的创业教育形式，通过专业化的教育方式为学生提供创业场地和创业启动资金，积极推动学生进行创业尝试，全面扶持创业团队，进行创业指导，旨在帮助有创业需求的学生，帮助其成为事实上的创业者。

（二）一致性和渐进性的统一

一致性指在一段时间内组织的各级各类创业教育实践活动应该有一个相对一致的创业教育目标，如进行创业计划大赛时，同步开展一系列创业计划讲座。

渐进性指创业教育要依据创业行为的不同阶段，学习主体的不同阶段提供不同的教育内容。创业行为本身具有渐进性，而学习主体从大一到大四也是一个渐进的学习过程，因此创业教育实践活动也要循序渐进，依据不同的阶段提供不同的教育活动。比如，大一时学生处于创业启蒙阶段，那么创业讲座类活动就能使其对创业有一定的感性认识；大四时学生处于创业计划实施阶段，那么创业计划竞赛等活动正好满足其当时的需求。只有创业教育实践体系做到一致性和渐进性的统一，学生才能获得完整的创业教育。

（三）完善创业计划大赛

首先，要完善评选体系与评审标准。比赛不应该成为各个学校研发能力或者导师个人能力的比拼，应鼓励学生凭自己开发的项目参加竞争，政策上应予以倾斜。比赛应增加对参赛学生创新意识和创新精神的考察，评判标准应根据创业教育的内容（即创业知识、创业意识、创业精神、创业能力以及创业特点）来确定。应鼓励服务项目参赛，强调创业项目的可行性和操作性。

其次，要吸引更多的企业关注与参与。应与学校创业教育师资队伍建设相结合，邀请企业界人士担任创业指导教师、创业大赛评委，让学生真正获得专业的点评与指导，而不是仅仅停留在参加创业计划比赛上。同时，参考企业界的要求，不断完善创业计划大赛和创业教育。

（四）拓展学生创业项目资金筹集方式

学校要依据所处地带的经济结构、社会需求、文化氛围等，有效考察创业教育内部资源情况、创业经费获得渠道以及创业教育外在保障等多方面的因素，不断探究与发展多种多样的创业教育活动。这是因为创业教育具有很强的实践性，项目种类繁多，一般需要有足够的资金保障以维持其正常运作。这就需要学校增加资金获得方式，拥有足够的资金以保证创业教育活动正常开展。比如，学校可以成立一些学生创业实践基地，帮助他们完成创业项目；创建科研基金，强化对创业教育的理论研究，开发出丰富的创业教育课程；获取企业资金，帮助学生实现创业梦想；推进科研成果转换成实际价值，拓宽所有资源的自我再生能力。

七、充分释放教师创造活力

师资力量对学生创业教育有着至关重要的作用。加强师资队伍建设，开拓教师教学的创新精神，挖掘教师的最大潜力，成为学生创业教育改革之关键点。

事实上，学校中的很多教师不是不能创新、不会创新，而是苦于没有相应的文化环境和制度。学校教师创新能力的释放与创业教育的开展紧密相关，因而应从学校及教师自身两方面入手，使教师摆脱当前的被动状态，真正释放创造活力。

（一）从学校层面来看

学校应赋予教师创业教育教学自主权。学校在创业教育过程中所发挥的作用在于营造尊重教师教学个性、释放教师教学活力的环境与氛围。学校应为教师创设个性化创业教育模式提供机会与可能。学校要想使创业教育教师的创造活力真正被释放出来，首先应完善学校教师培训模式，搭建教师创新能力培训平台，有效提升学校教师的创新能力，保障学校教师"会"创新；其次，要出台相关规章制度，鼓励教师探索创业教育实施方式，优化培育路径，给予教师创造的空间，允许教师创造性地安排创业教育课程内容，保障学校教师"敢于"创新；最后，要保证教师的物质待遇及社会地位等基本权益，为教师创新提供物质保障，激发教师的创造活力，保障学校教师"乐于"创新。

（二）从教师自身角度来看

1. 提高自主创新精神和能力，促进持续的自我更新

在学校创业教育中，教师是创业教育的实施者，教师创新精神和创新能力的高低直接影响教育效果。教师要想真正释放自身创造活力，首先应不断获取与掌握最新的创业知识与技能，增强自身开展创业教育的行为能力，提高自身的创新精神和创新能力。教师要积极参加有关创业教育的培训，促进持续的自我更新，主动成为具有创造性的个体。其次，教师要积极投入一线学校创业教育实践中，不仅要成为学校创业教育课程的实施者，还要积极参与学校创业教育课程的开发，真正成为学校创业教育课程的开发者与建构者。

开展创业教育首先应提高师资水平。提升学生创业教育教师的素质水平，必须摒弃单纯的理论授课理念。提高教师的实践能力，可以从两个方面着手。第一，鼓励教师亲自到学校科技园从事创业活动，如到科技园内创办企业或者学生工作室，教师和学生一同感受创业过程。第二，创新教学方法，在学校科技园内创办企业的教师与学生具有多重身份，既是雇主与雇工，也是教师与学生，这种身份的转变可以让学生切身感受到企业文化与校园文化的差异，这样的教学方法很容易对师生的创业思路产生启发。英国剑桥科技园特别注重学校和企业之间的紧密合作关系，要求学生创业教育教师队伍中大部分人应该兼任企业的顾问或理事，因为只有这样教师才能有切身体会，才能教好每堂课。

2. 鼓励教师与企业家合作

在鼓励教师"走出去"学习创业实践知识的同时，积极把学校科技园内的行业专家请进学校来，丰富和扩展创业教育的内容。让熟悉市场规律和创业风险的行家里手直接对学生进行创业教育，不仅弥补了创业教育课程枯燥无聊的缺陷，还能丰富创业教育课程体系，使教育效果事半功倍。这种合作手段要求教师不仅要成为学生创业教育知识的传授者，更要真正把握学校创业教育的主旨，成为学生创新精神的培育者。

鼓励园区与社区互动，培养产业发展所需人才，积极与城市发展对接，帮助学生找准创业落脚点。学校科技园与地方的优势产业及发展方向能否对接直接影响着学生创业企业的可持续发展。每个城市都有自己的产业特色和优势，学校科技园在帮助学生选择创业项目的时候要有意识地将学生创业和城市产业优势或产业基础相对接，这样才能为学生争取到更优惠的产业政策，得到更多的资源平台。因此，学校科技园推进学生创业教育的过程中，要积极地和当地政府、发改委等单位保持密切联系，获得产业相关政策优惠信息和产业活动信息，帮助学生找准创业项目的落脚点。

第六章 创新创业的实践与展望

第一节　创办新企业的实践

一、新创企业注册流程

（一）企业注册流程

1. 核名

注册公司第一步就是公司名称审核，即核名。创业者需要通过市场监督局进行公司名称注册申请，由市场监督局三名工作人员进行综合审定，给予注册核准，并发放盖有市场监督局名称登记专用章的《企业名称预先核准通知书》。此过程中申办人需提供法人和股东的身份证复印件，并提供 2~10 个公司名称，写明经营范围，出资比例。公司名称要符合规范。

2. 租房

根据《公司法》和《物权法》的规定，公司注册的商业产权证上的办公地址最好是写字楼，对学生创业者来说，目前有很多经济园区或孵化机构可以免费或优惠提供公司住所。去专门的写字楼租一间办公室，如果你自己有厂房或者办公室也可以。租房后要签订租房合同，并让房东提供房产证的复印件。

3. 编写公司章程

可以在工商局网站下载"公司章程"的样本，参照进行修改。章程的最后由所有股东签名。

4. 特殊经营范围审批

特种行业许可证办理，根据行业情况及相应部门规定不同，分为前置审批和后置审批。如新创企业的经营范围中涉及特种行业许可经营项目，则需报送相关部门审批。特种许可项目涉及旅馆、印铸刻字、旧货、典当、拍卖、信托寄卖等行业，需要消防、治安、环保、科委等行政部门审批。

5. 办理公司登记注册

市场监督局对企业提交材料进行审查，确定符合企业登记申请，经市场监督局核定，发放工商企业营业执照，并公告企业成立。相关材料包括公司章程、名称预先核准通知书、法人和全体股东的身份证、公司住所证明复印件（房产证及租赁合同）、前置审批文件或证件、生产性企业的环境评估报告等。当以上资料全部准备完整之后，就可以向市场监督局申请公司的登记注册了，它主要包括以下几个步骤。

①凭《企业名称预先核准通知书》，向公司登记机关领取相应的公司登记注册申请表，然后填写表格内容，主要包括公司名称、地址、股东、法定代表人等信息。

②准备所有工商局要求的资料，具体包括以下内容。

第一，法定代表人及自然人股东的相片，一般为大一寸相片，黑白或彩色都可以。

第二，所有股东的身份证原件及复印件，如果股东有企业法人，则必须准备其营业执照的原件及复印件。如果法定代表人的户口不在公司注册的所在地，必须办理在当地的暂住证。

第三，公司董事长签署的设立登记申请书。

第四，全体股东指定代表或者共同委托代理人的证明。

第五，公司章程。

第六，载明公司董事、监事、经理的姓名、住所的文件以及有关委派、选举或者聘用的证明。

第七，企业名称预先核准通知书。

第八，公司住所证明（房屋产权证或能证明产权归属的有效文件。租赁房屋还包括使用人与房屋产权所有人直接签订的房屋租赁协议书或合同）。

第九，有的工商局还会要求提供其他一些证明，如自然人股东的计划生育证明（结婚证或未婚证）、特殊行业的前置审批及其相关文件，最好在注册之前先到工商局问清楚，使材料能够一次性准备齐全。

③由公司全体股东（发起人）指定的代表或共同委托的代理人将上面所有的材料递交给工商局。工商局收到申请人的全部材料后，发给《公司登记受理通知书》。

④工商局发出《公司登记受理通知书》后，对提交的文件、证件和填报的登记注册书

的真实性、合法性、有效性进行审查，并核实有关登记事项和开办条件。

⑤予以核准的，工商局则会在核准登记之日起15日内发《企业法人营业执照》，公司法定代表人按规定的时间到登记机关办理领照手续、缴纳登记费及有关费用后，公司法定代表人持缴纳费用的凭证、《公司登记受理通知书》和身份证在领照窗口领取《企业法人营业执照》。如法定代表人因事不能前来办理领照手续的，可委托专人持法定代表人亲笔签名的委托书及领照人身份证（原件）代领。领取《营业执照》时，必须按规定缴纳登记费，标准如下。

第一，领取《企业法人营业执照》的，设立登记费按注册资本（金）总额的千分之一缴纳。

第二，注册资本（金）超过1000万元的，超过部分按千分之0.5缴纳。

第三，注册资本（金）超过1亿元的，超过部分不再缴纳。

6. 办理公章、财务章等

公司成立后，需提供营业执照、证明法定代表人身份的材料到公安局进行审批，由指定的印章刻印单位刻印。企业印章要严格管理，印章的使用必须经本单位负责人批准。使用非法印章的，应当依情节依法处罚。因组织变更而暂停使用的，应当将印章退回发证机构保存或者销毁。印章主要包括：

第一，公司公章。

第二，财务专用章。

第三，法定代表人私章。

第四，合同专用章。

第五，发票专用章。

7. 去银行开基本户

在银行开设银行账户是与银行建立关系的基础。依法规定，每个独立的经济单位必须在银行开户，结算单位之间的支付。除现金外，各经济单位必须通过银行账户结算支付。银行账户包括基本账户、一般账户、特殊账户、临时账户等。企业成立之初，需要先开设一个临时账户。企业取得营业执照后，原则上应将临时账户转为基本账户，也可以申请取消，另外开立一个基本账户。

8. 办理税务登记并申领发票

依法纳税是每个公民必须承担的社会责任。创业者必须在营业执照核发后30日内，到税务局领取并填写申请税务登记表。申请税务登记需要提供全部相关证件和资料。办理税务登记必须准备以下材料。

第一，《企业法人营业执照》（一般是副本）原件及复印件。

第二，法定代表人身份证原件及复印件。

第三，公司财务人员的会计证。

第四，办税人员身份证原件及复印件。

第五，银行开户许可证复印件。

第六，银行账号证明文件。

第七，公司章程复印件。

第八，公司住所的产权证明。

第九，填写税务登记表（可以事先向所在地税务局领取），并加盖公司公章。税务局收到以上材料后，进行审核，如果通过则发《税务登记证》。

全部公司注册事宜结束后，企业即进入正常经营阶段。

（二）企业开办的注意事项

1. 法人资格

法人是具有民事权利能力和民事行为能力，依法独立享有民事权利和承担民事义务的组织法人。企业或机构都必须由董事会任命法人代表，内资企业法人代表可以是有选举权的守法中国公民，不一定占有股权。法人代表不应有税务不良记录，否则会带来不必要的税务困难。

2. 公司住所

根据《公司法》和《物权法》的规定，公司注册的商业产权证上的办公地址最好是写字楼，对学生创业者来说，目前有很多经济园区或孵化机构可以免费或优惠提供公司住所。

3. 注册资金

个体户和分公司是不需要注明注册资金的，注册资本实行认缴制后，取消了最低注册资本的要求，而且首次不需要实际出资，也无须再提供验资报告，这大大降低了注册公司的成本。

4. 银行开户

领取营业执照后，需去银行开立基本账号，各个银行开户，要求略有不同，开基本户需要提前准备好各种材料，一般包括营业执照正本原件、身份证、组织机构代码证、公司财务章、法人章等。基本存款账户是存款人因办理日常转账结算和现金收付需要开立的银行结算账户，是存款人的主办账户，存款人日常经营活动的资金收付及其工资、奖金和现金的支取，应通过该账户办理。

5. 税务登记

税务是公司注册后涉及比较重要的事务，一般要求在申领营业执照后的 30 天内到税务局办理税务报到程序，核定税种税率，办理税务登记证等。另外，每个月要按时向税务局申报税，即使没有开展业务不需要缴税，也应进行零申报。

二、编写公司相关文件

企业注册相关文件主要指企业登记注册时办理工商、税务、开户业务时所需提供的一系列文件材料，每个流程要求提供的文件材料有所不同，部分文件需要编写，有些只需按规定表格填写或提供证明材料即可。

（一）授权委托书的编写

授权委托书是由全体股东在股东成员中指定某个成员作为到公司登记机关申请设立登记的代表，或者全体股东共同委托股东以外的人来代理股东进行申请登记注册活动的证明文件。该文件的法律形式应是委托书，委托书应由全体股东盖章或者签字。股东是法人的应加盖印章，股东是自然人的，应签署姓名。委托书应附有被委托人的身份证复印件。

（二）合伙协议的编写

根据《中华人民共和国合伙企业法》有关规定，合伙协议应当具备的条款如下。

第一，合伙企业的名称和主要经营场所的地点。

第二，合伙目的和合伙经营范围。

第三，合伙人的姓名或者名称、住所。

第四，合伙人的出资方式、数额和缴付期限。

第五，合伙事务的执行。

第六，利润分配、亏损分担的方式。

第七，争议解决的办法。

第八，入伙与退伙。

第九，合伙企业的解散与清算事项。

第十，违约责任的承担。

（三）公司章程的编写

公司章程是创业企业组织和活动的基本准则，应当高度重视，经全体股东充分讨论通过后，才能撰写定稿。公司章程主要内容包括以下几点。

1. 相对必要记载事项

记载相对必要记载的事项，目的在于使相关条款在公司与发起人、公司与认股人、公司与其他第三人之间发生约束力。判断相对必要事项的标准如下。

第一，如果予以记载，则该事项将发生法律效力。

第二，如果记载违法，则仅该事项无效。

第三，如不予记载，也不影响整个章程的效力。

2. 绝对必要记载事项

绝对必要记载事项是指公司章程必须记载、不可缺少的法定事项，缺少其中任何一项或任何一项记载不合法，整个章程即无效。绝对必要记载的事项包括以下几方面。

第一，公司名称和住所。

第二，公司注册资本。

第三，公司经营范围。

第四，股东的姓名或者名称。

第五，股东的出资方式、出资额和出资时间。

第六，公司法定代表人。

第七，股东会议认为需要规定的其他事项。

3. 任意记载事项

任意记载事项是指法律未予明确规定，由章程中章程制定人根据本公司实际情况任意选择记载于章程的事项。股东会或股东大会认为需要规定的其他事项属于任意记载事项。

（四）发起人协议的编写

在股份有限公司设立的过程中，发起人在从事设立活动之前往往会就公司设立过程中的相关事项、发起人之间的权利义务进行约定，订立协议，以明确各自在公司设立过程中的权利和义务。一般来说，发起人协议应包括以下内容。

第一，确定将成立公司的经营项目、宗旨、范围和生产规模。

第二，初步确定公司的资本总额，各发起人认购的份额、出资方式。

第三，各发起人在公司设立过程中的任务分工。

第四，其他事项，包括公司名称和住所，公司组织机构和管理等。

三、企业股权结构设计

(一) 掌握合伙人选择要点

1. 合伙人的标准

选择合伙人的标准如下。

第一，资源互补，取长补短。

第二，各自独当一面。

第三，背靠背，互相信任。

第四，最好能共同出资。

2. 不适合做合伙人的人

(1) 不同理念者

有不少人才华横溢，对合伙人团队来说很有吸引力。但是如果双方的价值观念有比较大的差异，则会"道不同不相为谋"，迟早会在创业道路分道扬镳，给企业造成严重的损失。

(2) 早期员工

刚开始彼此都不是太理解，早期吸收为合伙人，给彼此太多期望，都会存在后患。所以，要留有观察期，让双方相互了解、相互选择。

(3) 兼职者

既然是兼职的，就不会全身心投入，对方可以给你兼职，也可以给别人兼职。

(4) 不能保证持续资源的提供者

如果对方是资源提供型，他是否可以保证持续持有资源？如果对方是资源不稳定者，就不适合做合伙人，可以做顾问的形式来共享利益。

(5) 专家顾问

正常情况下，不会就一个项目邀请专家顾问做你的合伙人，但可以作为智力支持，比如财务、法律、商业模式、融资理财顾问等。

（二）掌握股权结构设计原则

股权结构设计的原则包括以下几方面。

1. 核心股东只能有一个

整个团队只能有一个核心股东，这个核心股东能够掌控局势，能够享有充分的公司控制权，关键时刻做出决策。

2. 股权结构简单、明晰

（1）简单

简单是指股东不要太多人，初创公司最科学的配置是 3 人左右，这样合伙人相对容易沟通。

（2）明晰

明晰是指股东数量和股比、代持人、期权池等。

3. 股东资源优势互补

团队中除了核心股东外，其他股东也发挥着重要的作用。每一位初创股东都要能为公司创造价值，而且是他人不可取代的价值。

（三）明晰股权结构设计方法

1. 公司初始股权结构的设计

创业之初，如果只有一个股东，即可成立一人有限责任公司，100%拥有股权。如果是 2 人或 2 人以上股东则适合一起成立有限责任公司，则持股比例尽量避免持平。创始人要对公司具有绝对控制权，持股比例需要超过 2/3。

2. 融资过程中的股权结构设计

不论是第几轮融资，相对其他因素来说融资期间的股权结构变化是对公司控制权影响最大的。因为融资协议规定的事项，不但涉及本轮融资之后权利的变化，还涉及下一轮融资时投资人、创始人退出的权利安排。但是如果公司在成立之初的股权比例就有问题，那需要创始人之间调整好之后再谈融资计划。

3. 设计合适的保护控制权的法律条款

随着公司不断发展壮大，除了创始人和投资人之外，还会有高管和员工加入公司。为调动大家工作的积极性，股权或者期权的激励机制是非常好的方式。创始人在这时往往会考虑建立股权期权激励制度的同时，如何让公司的控制权还牢牢地掌握在自己手里。常用的方式有期权、代持、持股公司、一致行动计划等。

　　企业的每个股东对企业的贡献肯定是不相等的，而股权比例对等，即意味着股东贡献与股权比例不匹配，这种不匹配到了一定程度，就会造成股东矛盾。因此，这种股权结构出问题是早晚的事。

第二节　新创企业的管理

一、新创企业的人力资源管理

　　人力资源管理是指组织为了获取、开发、保持和有效利用在生产和经营过程中必不可少的人力资源，通过运用科学、系统的技术和方法所进行的计划、组织和控制活动，以实现组织既定目标的管理过程。

（一）新创企业人力资源管理的特点

　　新创企业人力资源管理具有显著特点，概括来说主要包括以下几方面。

　　1. 用人机制较灵活

　　新创企业的业务具有短、平、快的特点，对人员的要求相对比较灵活。这主要表现在以下两方面。

　　第一，新创企业并不一味追求员工学历等硬性指标，更看重具有相似工作经历，能够迅速胜任岗位的业务熟手。

　　第二，企业在创立之初分工不明确，急需一专多能的"多面手"员工，具有较高灵活性、创造性、适应性。

　　2. 组织层次较少

　　新创企业由于规模小、资金薄弱、缺乏知名度，在机构设置上要求精减人员、控制成本、反应灵活，其组织结构一般较少，决策权往往集中在创业者手中，决策与执行程序相对简单，这使新创企业可以高效决策、快速执行。

　　3. 家族制管理占主导

　　新创企业由于制度不完善，个人主义管理色彩比较浓，创业者与骨干员工之间多存在血缘、乡缘、学缘等关系，使企业带有浓厚的家族色彩，感情管理大于制度管理。

（二）新创企业人力资源管理的内容

1. 人力资源规划

人力资源规划是根据组织的发展战略、组织目标及内外环境的变化，预测未来的组织任务和环境对组织的要求，为完成这些任务和满足这些要求而提供人力资源的过程。组织的人力资源规划，立足于组织的中长期发展，根据组织的近期经营需要提出对于人力资源的具体需求，找出供给的缺口。以使人力资源的供求得到平衡，保证组织目标的实现。

（1）人力资源规划的程序

为了能够达到预期的目的，在进行人力资源规划时需要按照一定的程序来进行，一般包括以下四个步骤。

①准备阶段。由于影响企业人力资源供给和需求的因素很多，为了能够比较准确地做出预测，就需要调查收集与之有关的各种信息，这些信息主要包括内部环境信息、外部环境信息和现有人力资源的信息。

内部环境信息包括两个方面：

第一，组织环境的信息，如企业的发展战略、经营规划，生产技术以及产品结构等。

第二，管理环境的信息，如公司的组织结构、企业文化、管理风格、管理结构以及人力资源管理政策等，这些因素都直接决定着企业人力资源的供给和需求。

外部环境信息包括两类：

第一，经营环境信息，如社会的政治、经济、文化及法律环境等。

第二，直接影响人力资源供给和需求的信息，如外部劳动力市场的供求状况、政府的职业培训政策、国家的教育政策以及竞争对手的人力资源管理政策等。

现有人力资源的信息：

现有人力资源的信息即对企业现有人力资源的数量、质量、结构和潜力等进行"盘点"，包括员工的自然状况、教育资料、工作经历、工作业绩记录、工作能力及态度记录等方面的信息。

②预测阶段。预测阶段的主要任务是要在充分掌握信息的基础上选择使用有效的预测方法，对企业在未来某一时期的人力资源供给和需求做出预测。只有预测出供给和需求，才能采取有效的措施进行平衡。

③实施阶段。在供给和需求预测出来后，就要根据两者之间比较的结果，通过人力资

源的总体规划和业务规划，制定并实施平衡供需的措施，使企业对人力资源的需求得到正常的满足。

④评估阶段。评估包括两层含义：

第一，在实施的过程中，要随时根据内外部环境的变化来修正供给和需求的预测结果，并对平衡供需的措施做出调整。

第二，要对预测的结果以及制定的措施进行评估，对预测的准确性和实施的有效性做出衡量，找出其中存在的问题及有效的经验，为以后的规划提供借鉴和帮助。

（2）人力资源规划的内容

人力资源规划包括两个层次，即人力资源整体规划和人力资源业务规划。

人力资源整体规划是针对计划期内人力资源规划结果的总体描述，包括预测的需求和供给分析是多少，这些预测的依据是什么，供给和需求的比较结果是什么。企业平衡供需的指导原则和总体政策是什么等。在整体规划中，最主要的内容就是供给和需求的比较结果。进行人力资源规划的目的就是得出这一结果。

人力资源业务规划是总体规划的分解和具体化，包括人员补充计划、人员配置计划、人员培训开发计划、工资激励计划、员工关系计划和退休解聘计划等内容。每一项都应设定出自己的目标、任务和实施步骤等。

2．工作分析

（1）工作分析的程序

工作分析的程序如下。

①准备阶段。准备阶段的任务是了解有关情况，建立与各种信息渠道的联系，设计全盘的调查方案，确定调查的范围、对象与方法。

②调查阶段。调查阶段的主要工作是对整个工作过程、工作环境、工作内容和工作人员等主要方面做一个全面的调查。

③分析阶段。分析阶段是对调查阶段所获得的信息进行分类、分析、整理和综合的过程，也是整个分析活动的核心阶段。

④总结及完成阶段。总结及完成阶段的主要任务是在深入分析和总结的基础上编制工作说明书和工作规范。

（2）工作分析的内容

通过工作分析，我们要回答以下两个主要问题。

第一，"某一职位是做什么事情的？"这一问题与职位上的工作活动有关，包括职位的名称、工作职责、工作要求、工作场所、工作时间以及工作的条件等一系列内容。

第二，"什么样的人来做这些事情最适合？"这一问题则与从事该职位的人的资格有关，包括专业、年龄、必要的知识和能力、必备的证书、工作经历以及心理要求等内容。

（3）工作分析的方法

工作分析的方法主要有以下几种。

①访谈法。访谈法主要是由工作分析专家与被分析工作的任职者就该项工作进行面对面的谈话，是应用最广泛的职务分析方法，适用于工作任务周期长、工作行为不易直接观察的工作。

②观察法。观察法即在工作现场运用感觉器官或其他工具对员工的工作过程、行为、内容、特点等进行实地观察，并进行记录，再进行分析与归纳总结的方法。适用于变化少而运作性强的工作。

③工作日志法。工作日志法即由员工本人每天按时间顺序详细地记录自己的工作内容、工作负荷、责任权力及感受等内容，在此基础上进行工作分析的方法。

④问卷调查法。问卷调查法是采用问卷来获取工作分析中的信息，实现工作分析的目的。问卷法适用于脑力工作者、管理工作者或工作不确定因素很大的员工。

⑤典型事例法。典型事例法是对实际工作具有代表性的工作者的工作行为进行描述。这是由职务专家对一些对某职务各方面情况比较了解的人员进行调查，要求他们描述该职务半年到一年内能观察到并能反映其绩效好坏的一系列事件来获得工作信息，从而达到分析目的的方法。

3. 招聘

员工招聘是指组织根据人力资源规划，按照一定的程序和方法，招募、挑选、录用具备资格条件的应聘者担任一定职位工作的系列活动。

（1）员工招聘的基本程序

员工招聘的基本程序包括以下几方面。

①根据企业人力资源规划，开展人力资源供给和需求预测，拟定人员招聘计划。

②做好招聘准备工作，人力资源会同用人部门要做好招聘前的准备工作，包括以下几方面。

第一，分析拟招岗位的工作任务，确定任职资格和招聘标准。

第二，确定录用标准和工资水平，包括理想的状况和可接受的上下限。

第三，准备招聘宣传材料，包括撰写广告、组织宣传材料等。

第四，准备招聘工具，包括需要填写的表格、面试问卷、笔试试题等。

第五，对招聘小组成员进行招聘工作培训，包括招聘工作基本程序、招聘方法和技巧、公关礼仪等。

第六，做好招聘预算，尤其外部招聘，要对广告费用、测试费用、有关差旅费、办公用品等做出基本估算。

③实施招聘。这一过程是整个招聘活动的核心，也是关键的一环，包括招募、筛选、录用三阶段。

第一，招募阶段。工作内容包括发布招聘信息、接待申请者、组织填写报名表、收集应聘者资料、建立求职者资料库等。

第二，筛选阶段。工作内容包括初步筛选资料、面试及测评。

第三，录用阶段。工作内容包括确定录用人员、上岗培训、试用、签订劳动合同、正式录用等。

（2）员工招聘的渠道

①内部招聘的方法有以下几种。

第一，竞聘、上岗。

第二，内部提升。

第三，工作调换。

第四，工作轮换。

第五，转岗培训。

②外部招聘的方法有以下几种。

第一，招聘广告。

第二，招聘会。

第三，校园招聘。

第四，就业代理机构。

第五，猎头公司。

第六，员工推荐与申请人自荐。

第七，网上招聘。

4. 员工培训

员工培训的方法有很多，概括来说主要包括以下几种。

（1）对管理人员的培训

对管理人员的培训方法主要包括以下几种。

①研讨会。类似于课堂指导，适用于对多人进行培训和开发的情况。

②在职培训。适用于开发仅凭书本、观察不能获得的技能，为管理人员提供实际锻炼的机会，并使他们从错误中得到经验。

③案例教学。通过对一些成文的例子进行分析，有些可能来自受训者的实际工作经历，管理人员可以掌握如何对事实材料进行分解和综合，认识到许多决策时的影响因素，提高决策技能。

④角色扮演。通过扮演其他角色，提高他们理解和处理问题的能力，有助于受训者从另外一个立场来看问题，从而发现不足。

⑤管理游戏法。参加者面临着为一个虚拟组织制定一系列影响组织决策的任务，决策影响组织的效果可以用计算机程序来模拟。

（2）对非管理人员的培训方法

对非管理人员的培训方法主要有以下几种。

①在职培训。在职培训是一种应用最多的培训方法，可以提供常规工作条件下实际锻炼的经验，也为培训人员和新来的员工之间建立一种融洽的关系提供了机会。

②视听培训。可以应用视听设备对许多从事生产性质的员工进行培训，使其掌握工作技能和流程。

③CAI 和 CMI 培训。

CAI 即计算机辅助指导，计算机辅助指导系统通过一台计算机终端把培训材料以互联网的形式直接发出去，提供操作及练习，解决问题及模拟，以游戏的方式进行指导及更为先进的个别指导培训。

CMI 即计算机管理指导，计算机管理指导系统利用计算机来随机出题的形式进行测试，以决定受训者的熟练程度，跟踪并指导他们应用学到的适当材料来满足专门的要求等。

④应用互联网培训。互联网具有连续提供最新培训材料的潜能，使得修订培训课程容易且成本较低，利用互联网可以节省旅行和课堂培训的费用，从而降低培训成本。

5. 绩效管理

（1）绩效计划

绩效计划是整个绩效管理过程的开始，这一阶段主要是要完成制订绩效计划的任务，也就是说通过上级和员工的共同讨论，要确定出员工的绩效考核目标和绩效考核周期。

（2）绩效实施

管理者和员工经过沟通达成一致的绩效目标之后，便进入绩效管理的实施阶段。这一阶段需要完成绩效监控、绩效辅导、绩效沟通、绩效信息收集工作。

绩效监控是管理者始终关注下属的各项活动，以保证它们按照计划进行，并纠正各种重要偏差的过程。

绩效辅导是在绩效监控过程中，管理者根据绩效计划，采取恰当的领导风格，对下属进行持续的绩效指导，确保员工工作不偏离组织战略目标，并提高其绩效周期内的绩效水平以及长期胜任素质的过程。

绩效沟通是指考核者与被考核者就绩效考评反映出的问题以及考核机制本身存在的问题展开实质性的沟通，并着力于寻求应对之策，服务于后一阶段企业与员工绩效改善和提高的一种管理方法。

绩效信息的记录和收集是绩效实施环节管理者需要进行的一项重要工作，很多绩效管理失败的原因在于绩效信息的不准确以及管理者考核评价的随意性。信息收集不可能将员工所有的绩效表现都记录下来，应该确保所收集的信息与关键业绩指标密切联系。

（3）绩效考核

绩效考核也叫绩效评价，绩效考核的结果会对人力资源管理的其他职能产生重要影响，也关系着员工的切身利益，受到全体员工的重视，是指企业在既定的战略目标下，运用特定的指标和标准，对员工的工作行为及取得的工作业绩进行评估，并运用评估的结果对员工将来的工作行为和工作业绩产生正面引导的过程和方法。

（4）绩效反馈

绩效反馈的任务是上级要就绩效考核的结果和员工进行面对面的沟通，指出员工在绩效考核期间存在的问题，并共同制订出绩效改进的计划。为了保证绩效的改进，还需要对绩效改进的执行效果进行跟踪。此外，还需要根据绩效考核结果对员工进行相应的奖励。

6. 薪酬管理

薪酬管理是建立一套完整、系统的薪酬体系，实现激励员工积极性的管理活动。

薪酬体系由经济报酬和非经济报酬构成。经济报酬是指外在的货币化报酬，即基本报酬、福利、津贴和其他一些与货币有关的报酬。其中，基本报酬主要由工资、奖金构成，福利、津贴主要由公共福利、个人福利、生活津贴、地域津贴、劳动津贴等构成。非经济报酬属于非货币化的附加报酬，分为职业性奖励（如职业安全、自我发展和谐的工作环境、晋升机会等），以及社会性奖励（如地位、表扬肯定、荣誉、成就感等）。

7. 职业生涯管理

职业生涯管理是组织根据员工个人性格、气质、能力、兴趣、价值观等特点，同时结合组织的需要，为员工制订具体的事业发展计划，并不断开发员工潜能，把员工个人职业发展目标与组织发展目标统一起来，使员工不断获得成长，产生强烈的归属感、忠诚感和责任心，从而最大限度地发挥工作积极性。职业生涯管理可以分为个人职业生涯管理和组织职业生涯管理。

（1）个人职业生涯管理

个人职业生涯管理是以实现个人发展的成就最大化为目的，在职业生命周期的整个过程中，对自己的职业发展计划、职业策略、职业变动和职业位置等做出规划和设计，并为实现自己的职业目标而积累知识、开发技能。一般来说，要做好个人职业生涯管理工作，要认真做好以下每个环节。

第一，确定志向。志向即一个人为之奋斗的最终目标，是事业成功的基本前提。所以，在设计职业生涯时，首先要确立志向。

第二，内外环境分析。在设计个人职业生涯时，应分析环境发展的变化情况、环境条件的特点、自己与环境的关系、环境对自己有利与不利的因素等。只有把自身因素和社会条件作最大限度的契合，才能做到在复杂的环境中趋利避害，使职业生涯设计更具有实际意义。

第三，自我评估。自我评估是对自己的各方面进行分析评价，以达到全面认识自己、了解自己的目的，才能选定适合自己发展的职业生涯路线，才能对自己的职业发展做出最佳抉择，增加事业成功的概率。

第四，职业的选择。职业选择的正确与否直接关系到事业的成功与失败。个人进行职业选择时存在诸多需要考虑的因素，包括性格与职业的匹配、兴趣与职业的匹配、特长与职业的匹配、内外环境与职业的相适应等。

第五，设定职业生涯目标。一个人事业的成败，很大程度上取决于有无正确适当的目标。每个人由于自身条件的不同，所确定的目标也是不同的，但无论确定什么样的目标，都应该遵循相同的规则，即目标要符合社会与组织的需求，目标要符合自身的特点，目标高低的幅度恰到好处等。

第六，制订行动计划与措施。任何美好的理想和想法，最终都必须落实到行动上才有意义，因此在确定了职业生涯目标和职业生涯曲线后，就要落实实现目标的具体措施。

第七，职业生涯路线的选择。职业生涯路线是指当一个人选定职业后，是向专业技术方向发展，还是向行政管理方向发展，发展方向不同，各自要求也不同。因此，在设计职业生涯时，必须做出抉择，以便于自己的学习。通常职业生涯路线的选择需要考虑三个问题：我想往哪方面发展？我能往哪方面发展？我可以往哪方面发展？

第八，评估与调整。影响职业生涯设计的因素很多，其中环境变化是最为重要的一个因素。因此，要使职业生涯设计行之有效，就必须不断地对职业生涯设计进行评估与调整。调整的内容侧重于职业的重新选择、职业生涯路线的选择、人生目标的修正以及实施措施与计划的变更等。

（2）组织职业生涯管理

组织职业生涯管理是一种专门化的管理，即从组织角度对员工从事的职业和职业发展过程所进行的一系列计划、组织、领导和控制活动，以实现组织目标和个人发展的有效结合。

第一，确定不同职业生涯阶段的职业开发管理任务。职业生涯分为不同时期或阶段，在各个时期或阶段，员工的职业工作任务、职业行为有所不同，呈现出不同特征。从组织角度讲，就要根据不同职业生涯期的个人职业行为与特征，确定每个阶段具体开发与管理的任务。

第二，帮助员工制定和执行职业生涯规划。职业生涯规划是一个人职业生活的妥善安排，在这种安排下，个人可以依据各计划要点，在短期内充分发挥自我潜能，并运用环境资源获得各阶段的成功，最终达到既定的目标。

第三，有效地进行职业指导。职业指导是指组织帮助劳动者了解自己的生理和心理特点。提供有关现有职业机会及其职业特点的信息，帮助个人选择和获得最合适的职业。职业指导旨在帮助劳动者选择到适合的、满意的职业岗位。

第四，为员工设置职业通道。其一，设置员工职业发展通道。职业通道是员工实现职业理想和获得满意工作，或达到职业生涯目标的路径。组织中的成员，其职业目标可否实现，个人特质、能力至关重要，但如果没有外在条件，个人职业发展是不可能的。其二，为员工疏通职业通道。员工职业发展的障碍，既来自职业工作自身，又来自家庭。所以，组织必须从员工职业生涯发展过程中发现问题、解决问题。这样做既有利于其个人事业进步，又利于组织的发展。

二、新创企业的财务管理

财务管理是根据财经法规制度，按照财务管理的原则，组织企业财务活动，处理财务关系的一项经济管理工作。简单地说，财务管理是组织企业财务活动，处理财务关系的一项经济管理工作。创业财务管理就是处于创业期的企业进行的财务管理活动。

（一）财务管理的目标

创业企业从事理财活动所要达到的目的就是创业财务管理目标。概括来说，创业财务管理的目标主要有以下几种。

1. 利润最大化目标

利润最大化强调了创业企业的生产经营活动的目的在于利润，企业创造的财富可以用利润来表示，利润越多则企业财富增加得越多，距离企业的财务管理目标越近。这一目标简单实用，容易计算和比较。但是也有很大的局限性，如没有考虑货币时间价值因素和风险因素，没有考虑投入资本与创造利润之间的关系，也容易让企业经营者过分关注短期利润，导致短期行为，忽视企业的长期发展。

2. 企业价值最大化

企业价值最大化是企业全部资产的经济价值，是企业资产未来预计现金流量的现值之和。企业不仅是股东的企业，企业价值的增加是股东财富的增加和债务价值的增加合计，而债务价值是可以随着市场利率的波动而波动的。企业价值最大化拥有股东财富最大化具备的所有优点，而且因为考虑了企业的价值而非价格，能克服价格受外界因素干扰的弊端，还兼顾了其他的利益相关者。但是，可操作性差以及难以计算和衡量是其最大的缺点。

3. 股东财富最大化

企业是股东的企业，股东创办企业就是要增加股东财富，股东财富可以用股东权益的市场价值衡量。股东财富最大化相对利润最大化而言，考虑了货币时间价值、风险价值，有助于规避企业的短期行为，并且也考虑了利润与投入资本之间的关系。但股东财富最大化仍然有其不足之处，例如，只有上市公司才能使用股东财富最大化目标，非上市公司无法衡量股价的高低；即使上市公司股价的变动也受到多种因素的综合作用等。

（二）财务管理的原则

创业企业在生产经营过程中会发生很多的财务活动，但这些财务活动必须遵循一些基本的行为规范，概括来说，创业财务管理活动的基本原则为以下几个方面。

1. 成本—效益原则

创业企业财务管理的盈利性目标要得以实现，就要求企业要降低成本，不断提高效益，实现最小的成本支出获取最大的收益。成本效益原则应该体现在企业的整个财务管理活动中，追求产值或利润最大都要建立在合适成本的基础上。

2. 风险与收益均衡原则

高风险高收益是市场经济的基本规律，创业者要思考自己能接受的最大风险是什么，在最大风险的范围内在收益与风险之间取得均衡状态，采取合适的财务管理活动。创业者还要对各种风险因素做深入研究和仔细分析，慎重决策，避免"好大喜功"给企业带来严重后果。

3. 资源合理配置原则

从资源配置角度来说，企业是将筹集到的财务资源进行再组合、再分配的一个组织，理想状态下，这应该是达到最优组合，发挥组织最大效用的组织。创业企业不仅应十分重视如何取得最低成本的财务资源，还要将这些珍贵的财务资源合理配置。

4. 利益关系协调原则

创业者如果是初次创业的话，可能会无法理清各种各样的财务关系，创业企业可能还没有足够的时间、精力和经验来建立确保经营者的利益与企业的利益相一致的机制。但有几个利益关系企业必须要首先处理好。

第一，依法纳税，这是妥善处理与国家的利益关系的基础。

第二，确保员工的薪资收入和各项福利，这是处理好与员工的利益关系的重要内容。

在处理好财务关系的基础上，企业才能开展各项活动，实现综合发展。

（三）企业资金需求量分析

新创企业的关键性问题是资金需求量和资金来源。解决这两个问题是创业企业成功的关键。因此，启动阶段的财务策略应从资金需求量的综合评估着手。概括来说，主要有启动费用和营运资金两个方面。

1. 启动费用

启动费用主要包括以下五种费用。

（1）组织费用

这笔钱的大部分是用来支付专业费用的。例如，付给帮助你建立企业实体的律师、顾问等。

（2）场地费用

如果决定不在家开公司，就需要租借一处办公场所或购买一处办公场所，并做些必要的准备，这就会产生一定的费用。

（3）营销材料和促销费用

为了提升新企业的形象，创业企业通常会在开张时造势。顾客会根据新企业的宣传材料、广告的质量高低和创造性来判断企业的水平与实力。

（4）保证金、酬金和执照费用

新企业更需要为有形资产买保险，还要避免因产品不合格而导致的赔偿损失，以及保护你和你的员工免受伤害。除此之外，为了得到使用土地的许可证或领取执照等项目还要付给当地政府一些费用。

（5）固定资产、办公用品和机械装置等费用

这部分费用的覆盖范围很广，从几把椅子、几台电脑到有着精密设备的规模完整的工厂。对于新创企业来说，这部分费用的确不少，但可以通过租借的方式省一点初期的投资。如果企业再购置几辆汽车，购车费和相关的诸如保险费、养路费等问题会接踵而来。

2. 营运费用

营运费用的估算最为复杂。一般来说，创业者应该有充足的现金为创业企业的早期发展提供支撑，直至达到收支平衡点和有盈利的时候。

创业企业需要有现金流量的预测表，每个月需要对总收入和总支出进行估算。很有可能在一年或更长的时间，往往收支不平。大企业把这些作为生产经营的惯例性支出，而新成立的小型企业则常常忽视这个问题。在创业初期，企业就应该向有经验的会计师寻求帮助，进行较为精确的预测，这样做的企业在正常经营后的困难会更少一些，将来成功的可能性就越大。

（四）企业日常财务管理注意事项

1. 印章

公司印章一般都包括行政章、财务章、合同章和部门专用章。一般情况下，公司行政章、合同专用章可指定综合办公室专人负责管理，公司财务专用章仅在公司对外开具的票据和办理与公司相关的金融事务以及财务报表时使用，可由公司财务部门负责人管理。财务章涉及对外开具票据或支票时使用，故要妥善保管。公司进行对外宣传，企业管理对外

业务，公司决策，行政事务等有关文书，就需用到行政章或合同专用章，一般由总经理的审批方可办理。公司生产、经营、管理部门专用章对外不具有法律效力，只用于本部门对外的一般业务宣传或代表本部门向公司书面汇报情况或提议。印章是公司经营管理活动中行使职权的重要凭证和工具，印章的管理关系公司正常的经营管理活动的开展，甚至影响公司的生存和发展。

2. 支票

支票是出票人签发的，委托办理支票存款业务的银行或者其他金融机构在见票时无条件支付确定的金额给收款人或者持票人的票据。不管是现金支票还是转账支票，最终目的就是能够在银行兑现，这就需要在开户行里一定要有足够的余额支付所要支出的支票款项。在开具支票时应注意以下问题。

第一，开转账或现金支票时要确定日期，非必要最好不要超过所开出的当天日期。

第二，签发支票应使用碳素墨水或墨汁填写，签发日期应用大写数字。

第三，要确定所要支付的单位，一般支票在企事业单位的财务中都有严格的要求，就是不允许收款人名称栏中为空白，但也有例外的。

第四，不论是现金支票，还是转账支票，背书人的银行预留印鉴都要与支票上你所签发的单位收款人一致，否则银行不予受理。

第五，分别填上金额的大写、小写和用途，如不填上用途的话，银行是不会支款的，注意大小写金额必须一致。

第六，请注意支票的兑现期为 10 天。

第七，转账支票和现金支票明显的区别就在于现金支票需要以单位的财务专用章加盖骑缝章，银行才会视为有效，否则不予受理，转账支票就不用了。

第三节　创业教育的展望

一、学生创业教育的发展趋势

学生创业是指学生通过个人及组织的努力，利用学到的知识、技术所形成的各种能力，以自筹资金、技术入股、寻求合作等方式，自主搭建工作平台创造价值的过程。它是学生实现就业和理想的重要途径。当前，学生创业已引起了社会各方面的关注。国家不断推出针对学生创业的各种优惠政策，鼓励和支持学生毕业后自主创业；各地政府部门也推出了针对学生的创业园区、创业教育培训中心等，以此鼓励学生自主创业。为提高学生的自主创业能力，学校应根据学生实现自主创业的实际需求，运用各种手段和途径，积极开展创业教育，全面培养他们的创业意识和创业能力，并努力创造条件使其接受创业实践的锻炼。

（一）鼓励和引导学生积极转变观念，营造创业氛围

有些学生的思想观念远不能适应创业所面对的问题，学校应该通过全方位教育，鼓励和引导学生积极转变观念，营造浓郁的创业氛围。

在学校营造创业氛围，一是可以通过新闻媒体、校园文化等手段加大创业事迹的宣传力度；二在校风、教风、学风建设中突出创新、创造，形成"学习为创造、创造中学习"的良性循环，潜移默化地培养和强化学生的创业意识；三在学校的制度建设上，多鼓励师生创新、创造、创业；四是宣传成功创业者的创业事迹、创业方法和奋斗经历，为学生树立学习榜样。

（二）积极推动教育教学改革，建立创业能力培养服务体系

培养学生的创业意识和能力是学校的重要教育任务之一，应将创业教育全面渗透到学校的教学工作中，并建立比较完整的学生创业能力培养服务体系，帮助有志于创业的学生迈出创业的第一步。

创业能力培养服务体系应以"激发—实践—创业"为主线，全面满足学生的创业需求。该体系应由创业基础理论、创业实践训练、创业教育导师辅导和创业孵化系统组成。这个体系可以为学生提供从创业基础理论、普及性科技活动、学术性科技创新项目开发研究、创业计划大赛、创业实践训练到自主创业的完整学习过程，能有效提高学生的创业能力。

1. 创业基础理论平台

创业基础理论平台主要提供职业生涯发展规划教育、专业教育、现代形势教育、创新创业教育和培训、基本素质养成教育。以帮助学生确立职业生涯发展目标为目的，帮助学生初步了解所学专业和行业，激发学生的创新创业意识。

2. 创业实践训练模块

创业实践训练模块旨在拓宽创业能力培养渠道，利用各种实践条件培养创业能力。在

基础理论模块之外，主要通过各类培训、创新项目和创业计划大赛实现。主要有如下几种形式：

（1）创业计划大赛。定期举办学校创业计划大赛和参加"挑战杯"全国学生创业计划竞赛等活动，促进创业实践的迅速发展，培养学生的创新精神和创业意识。

（2）模拟创业活动。从寻找商机到制定创业计划、组建创业团队、进行创业融资和创业管理，对创业全过程进行模拟，提高学生对创业过程的感性认识，达到在实践中学习和提高的目的。

（3）创业者系列讲座。邀请创业校友和在校教师为学生分享创业经验并进行知识交流，让学生从中了解创业的真实过程和其中的艰辛。

（4）学生创业项目支持计划。制定学生创业项目支持计划，提供资金和场地，在校园中采取招投标的形式，让学生经营文印社、商店等。有条件的学校还可以与学生创业园区合作，积极利用政府的政策，为学生创业项目提供专家指导，鼓励学生进行创业训练，在训练中培养学生的创业和管理能力。

3. 创业孵化系统

学生创业孵化基地是一种新型的社会经济组织，它通过为学生提供研究经营场地、通信网络与办公设施、系统培训和咨询服务以及政策、融资、法律和市场等方面的支持，降低学生创业的风险和成本。这是提高学生创业能力的重要途径。

（三）建设学生创业孵化基地的策略

1. 为学生创业孵化基地创造良好的政策环境

一是减免税收；二是在孵企业被认定为高新技术企业后，可优先享受孵化专项资金、科技三项经费支持以及享受孵化基地提供的综合服务和减免房租等有关优惠；三是政府要鼓励各类金融机构改进信贷服务，增加信贷种类，合理确定贷款期限，增加对在孵企业的信贷投入；四是各类担保机构和创业投资机构要优先为在孵企业提供信用担保。

2. 建立合理、高效的运行机制

以公益目的为出发点，服务体系的管理部门应根据工作的需要设置项目部、指导部、服务部、人力资源部、综合部、信息部等职能部门。建立集工商注册登记、企业年检、税务代理、财务会计代理、经济技术合同咨询、申请专利、商标注册、无形资产评估、商务谈判等咨询服务于一体的规范化综合服务系统。

3. 建设科学的管理机制

（1）资本管理机制。帮助创业项目解决资金运转问题，使创业项目得以继续，为学生创业创造良好的物质环境。

（2）项目管理机制。通过项目管理机制，加快科技成果的转化过程，对创业项目实施全面的价值评估，全面提高创业项目质量。

（3）文化管理机制。营造合作、内部融合的文化。鼓动竞争对手变成同盟者，甚至合作者，以便在尽可能短的时间内取得最佳成果。这不仅有利于整合资源，还能为学生提供有效帮助，提高孵化基地的智能化服务水平。

总之，学生创业需要政府、学校、家庭、自身多方面努力。在不断创新创业教育理论的同时，要加强针对性的辅导与培训，以增加学生创业的成功率；要为其提供更多的创业实践机会，注重各种形式的创业实践活动，从而最终提高学生的综合素质，促进学生就业与个人职业发展。

二、创新创业文化需要通过多角度多途径培育

一是重视创新创业平台建设。目前，很多国内学校都进行了积极尝试，建设了类似于初创公司孵化器的学生创新创业中心，或者学生创业园，为学生创新创业训练和实践提供必要的硬件条件。同时，搭配相应的服务、扶持、奖励、资助和管理制度体系，即建立鼓励创新创业的软环境。

二是重视学生社团组织的纽带作用。学校在创新创业教育中应到位而不越位，鼓励学生自我觉醒、自我设计、自我成长。要积极发挥学生社团的广泛带动和发动作用，让兴趣相投、目标相近的人凝聚起来，形成一种交流、互助、启发的合力。

三是重视榜样的教育力量。学校科研活动中也应强调创新，但更主要的还是知识创新。换言之，学校教师在创新创业教育中并不具有经验优势。因此，在进一步加强学校教师国际化、工程化的同时，要积极联系、发掘知名校友、成功企业人士等社会资源，尤其联系更具话语权的、在创新创业实践中取得成绩的人士，通过创业讲座、实地考察、企业实践等途径开展创新创业教育。

四是正确理解创新的适度性。对于学生创新创业而言，片面强调技术的创新和领先性既不现实，也无必要。苹果并非首个电脑品牌，却是让电脑更具人文艺术气质的领先者。阿里巴巴并非互联网的创建者，却是让中国互联网商业化的领先者。从某种程度上说，对社会需求的敏锐把握和商业模式上的创新更是初创企业生存和成长的关键。

三、学生创业教育在中国的路径优化

从国内外的研究和实践看，创新创业教育的主要途径有三个，分别是课程教学、实践活动和校园文化。如何对这些途径进行组合、优化，以获得最大的教育效果是学生创业教育的教育转化研究的核心问题。怎样优化？认为要坚持三个原则：一是目的性原则，结合创新创业教育的目标设计路径，同时要体现抓主要矛盾和矛盾的主要方面的思想，在承认每一种途径多重功能的基础上突出其核心功能；二是系统性原则，不能孤立看待各个途径，要整体把握设计，注重各途径间的逻辑和相互联系；三是可行性原则，既要追求理想的路径设计，又要结合国内外的先进经验，尤其要立足于国内创业教育的发展基础之上。

（一）弘扬"挑成文化"，激发学生创新创业意识

"后喻文化"特征深深影响着学校文化，具体表现为，形成了师授学承的模式，教师被视为当然的知识权威，于是，学生只能恪守师道、严承师说，这样培养出来的人才，多积累型而少发现型，多继承型而少创造型。也就是说，当前学校与创业创新相关的校园文化核心是"崇尚权威"的文化，破解的关键也就是"挑战权威"，进而形成"挑战文化"。"挑战文化"的基本精神在于"崇尚创新、乐于挑战、勇担风险、宽容失败"。

怎样建设"挑战文化"？我们认为有三个努力的方向。

第一，把"挑战杯"进一步办成学生的经常性的全民赛事。众所周知，"挑战杯"已经成为运行最为成功、影响力最大的全国在校学生的科技学术盛会，它的积极意义在于，激发学生创新的欲望和精神。参加"挑战杯"的选手们认为，比赛使他们更加意识到了理论、创新与实践的重要性与相关性，对以后的工作和学习有很好的指导与勉励作用，使自己不畏困难、勇于挑战和创新。但由于种种原因，目前的"挑战杯"大赛"表面上轰轰烈烈、实际上冷冷清清"，存在功利性强、参与范围小、受益人数少等问题。要进一步从创新创业校园文化建设的高度，开展经常性、多层次的"挑战杯"大赛，不断放大"挑战杯"创新创业意识的激发功能，引领学生跨入创新创业人才大浪潮中。

第二，注重培育和宣传创业教育的典型。要注意创业成功案例的运用，树立成功楷模，加强正向引导，增加成功暗示，正确处理创业失败的负面影响，从而提高学生创业成功意识。

第三，在学校中营造创业的良好氛围。如果单纯要求学生创新创业，而学校和教师行动缓慢，那么便难以形成良好的创业文化。学校要立足于创建创新创业型学校，系统地进

行教育教学改革。同时，积极鼓励教师创新创业，将自身的学术技能和科研成果及时转化为知识产权和市场化商品，鼓励教师积极创办企业，带动学生创业。

（二）坚持课程与教学改革同步、知识掌握与内化结合

课程体系改革是推进创业教育的重点所在。从广义上看，课程是学生在教师的指导下进行的各种活动的总和，是教育活动中教学目的、内容与实施过程的统一；从狭义上看，主要指学科课程。此处讨论的是狭义的课程。一般认为，课程居于教育的核心位置，是教育的心脏。对于创新创业教育而言，课程更是核心问题。创新创业课程建设主要有两个方面。

第一，改革现有课程体系，使其最大限度地发挥创新创业型人才培养的作用。改革的目标主要是实现三个转变：一是从知识中心向内化中心转变，传统的课程以知识为中心，这样的课程等同于某一类专门知识，学校课程的逻辑结构和内容等同于知识本身的逻辑结构和内容，课程的目标就是让学生掌握并记住这些知识。知识本身不带来创新，只有当其内化为自身的知识时才与创新密切相关。这就要求在课程目标的确定上，不能仅以知识结构为参照，更重要的是使课程结构适应于学生的心理结构，以促进学生形成良好的认知图式。二是从学科化向综合化转变。现在的课程都以学科为基础，按学科划分，知识被分割得过细。好的课程能适应社会、时代及科技发展需求。当今时代，重大科学技术创新需要高度分化基础上的高度综合性知识，技能创新往往产生于各学科的交叉领域，单靠某一学科已经很难实现大的创新和进步。进而，创新创业型人才不会是仅仅掌握单一学科的人，而是拥有综合化知识结构的人。这就要求在课程设置上突破学科的狭窄领域，淡化学科界限，注重多个学科的交叉、渗透。三是从限定性向选择性转变。创新创业教育的一个重要的思想就是把成才的选择权交给学生。而当前的课程限定性过强，一个专业的学生基本上学习同样的课程。这样的课程培养出来的学生是"被格式化的一代"，千人一面。正如《学会生存》一书所说，这样的教育"能扼杀创造性"。因此，要进一步实现真正意义上的选修制，除了极其必要的专业课程外，最大限度地允许学生按照个人兴趣选学，促进学生形成独特的知识结构。

第二，新建必要的创新创业教育专门课程。到底应该开设哪些具体的创新创业课程，是个十分复杂的问题，需要深入地研究及实践。目前，我们认为应坚持四个原则，以进一步建设创新创业教育专门课程。一是坚持学科站位。创新创业教育在国外已经发展成一门独立的学科。只有把创新创业作为一个独立的学科，才能深入系统地进行研究，构建、完

善创新创业的理论体系，培养成批的专业教育人才，支撑创新创业教育的科学发展。二是层次性。不同学校类别、学历层次、年级阶段的学生，呈现出不同阶段特有的身心发展、知识能力水平，面临着不同的发展主题。创新创业教育课程的设置要适应不同类型学生的发展特点和成长需求，针对不同类型的学生侧重设计不同的课程，才能实现创新创业知识、能力的螺旋式提升。三是融合性。要注意创新创业教育课程与学生专业的融合，挖掘不同学科专业独特的创新创业教育内容。比如，历史学可以阐述创业者在人类历史长河中的作用；文学可以为学生提供创业者与创业故事的精彩描述；政府政策对创业影响的内容可以整合到政治学或政治经济学中。四是混合性。从学生的组织角度而言，创新创业教育课程不仅要突出各专业的特色，更要构建团队开发，利用商业创意，将经济、商业的相关专业学生和其他学院不同背景的学生混合在一起学习。

需要进一步指出的是，在改革调整课程体系的同时，也要同步改革人才培养模式，尤其改革教学方式。关于这一问题，现在探讨得相对深入一些，基本共识主要有四个方面。一不要把学生当作知识的容器，要注重引导学生内化知识；二不能单一地以课本为基本资源，要注重教学资源的时代性、实效性和多元化；三要注重教学过程中师生的交流对话，提倡问题教学、讨论式教学、案例式教学等；四去除教学中教师的权威和专制的角色特征，构建平等和谐的师生关系。究其实质，关键是注重"演绎式教学"和"归纳式教学"的有机结合，尤其要恰当实施"归纳式教学"。我们目前的教学方式是演绎式的，先将一个无可置疑的真理灌输给学生，然后才会用其解释或解决问题，不利于学生的创造性培养。"归纳式教学"并不预定标准答案，而是先从现象入手，给出多种理论，鼓励学生怀疑和批判，给学生很大的自主选择空间，有利于学生创新精神和创业能力的培养。

（三）打造"个性化"实践平台，丰富学生的创新创业经验

实践教育在学生创新创业教育中的价值是不言而喻的。如前所述，学生创新创业能力培养是学校创新创业教育的核心内容之一。而学生创新创业能力的形成依赖于实践，是个体在实践过程中通过构造、理解等方式逐渐形成的。只有通过系统的创新创业实践教育才能把有关知识转化成创新创业能力。当前，主要从三个方面入手，充分发挥实践的创新创业教育价值。

第一，把创新创业教育实践融入人才培养的大链条之中。学生创新创业能力的提高离不开创新创业实践活动。但是，当前存在着为了实践而实践的问题，即表面上建立了形式多样、数量不菲的实践基地，开展了丰富多彩的实践活动，实际上却把实践教育与知识学

习、意识培养等割裂开，其实际效用比较低，使学生创新创业教育实践趋于表面化，影响了教育效果。进一步提高实践的作用，就要从大教育观的目标出发，把实践作为学生创新创业教育体系中的一环，融入专业教育和人才培养全过程，紧密联系学生的学科背景和身心特点等，设计和开展创新创业实践活动。

第二，进一步细化实践教育平台。实践教育平台建设是实践活动得以展开的基本保障。目前，随着国家对创新创业的高度重视，国家、地区、学校都在努力建设实践平台，建成了一批质量较好、影响较大的学校科技园、学生创业实习基地、实践教学基地等实践平台。这些实践平台对创新创业教育的开展发挥了巨大作用。但是，当前的实践平台多是粗放式、广谱式的，其针对性、实效性有待提高。创新创业实践能力是高度个性化的能力，需要个性化培养。这就需要建立完善且更具个性化的实践教育平台，既要紧密结合学生学历层次、年级特征等因素，从纵向上分层设计创新创业实践活动平台，又要结合学生的创新创业能力的内容维度、发展水平、成长需求等因素，从横向上分类设计创新创业实践活动平台。

第三，加强实践中的教育引导。当前，学校开展的创新创业实践教育活动主要是创业讲座、论坛、模拟实践等，更多定位于实质性的经营活动或是一般性的社会实践，过多偏重于创业知识的传递，其目标是培养职业经理人或白领，而不是真正的创业者。这种简单的知识传递把创新与创造平庸化为单纯的技巧与操作，忽略了创新能力和创业能力的深层内涵。实际上，创新创业实践活动的价值主要在于促进学生创新创业经验的生成，引导学生在实践的同时深入思考，帮助学生把握创新创业的科学规律以及领悟创新创业成功的真谛。这种生成和领悟是一个很艰难的过程，不仅需要学生自身积极主动，更需要辅之以高质量的教育指导。这就对教师的素质提出了更高要求。目前，我国学生创新创业教育师资主要是学生就业工作人员以及部分商学或经济学的教师。这些教师有完善的创新创业的知识体系，擅长知识传授，但受工作岗位和个人经历等的限制，一般缺乏创新创业的实战经验。这样的师资队伍很难在学生实践过程中给予有效的教育引导，从这个意义上讲，师资队伍建设成为学生创新创业实践教育中亟待解决的核心问题。我国要尽快打造一支集理论和实践于一身的教师队伍，进而加强创新创业实践中对学生的教育引导。

参考文献

［1］ 王全利. 创新创业教育与实践［M］. 北京：中国纺织出版社，2022. 04.

［2］ 彭贞蓉，彭翔. 创新创业教育基础与实战技巧［M］. 重庆：重庆大学出版社，2022. 08.

［3］ 张瑜，范晓慧，金莹. 大学生创新创业教育理论与实践研究［M］. 北京：中国书籍出版社，2022. 07.

［4］ 高帆. 大学生创新创业教育与典型案例分析［M］. 西安：西安电子科学技术大学出版社，2022. 03.

［5］ 马永霞. 创新创业教育［M］. 北京：北京理工大学出版社，2022. 05.

［6］ 黄扬杰. 数字时代的创新创业教育［M］. 北京：中国社会科学出版社，2022. 11.

［7］ 周冠怡彤，蒋笑阳，刘洋. 高校创新创业教育改革与探索［M］. 北京：九州出版社，2022. 11.

［8］ 刘鲲. 高职院校创新创业教育探索［M］. 北京：旅游教育出版社，2022. 12.

［9］ 何美生，钟桂宏，肖四喜. 创新创业基础［M］. 武汉：华中科技大学出版社，2022. 08.

［10］ 郭玉莲，马凤祥. 大学生创新创业教育［M］. 北京：中国人民大学出版社，2022. 05.

［11］ 张丽娟. 大学生创新创业教育［M］. 西安：西安电子科学技术大学出版社，2022. 05.

［12］ 汤锐华. 创新创业教育［M］. 北京：机械工业出版社，2021. 09.

［13］ 郭丽萍，柳韶军，韩建伟. 创新创业教育［M］. 西安：西安电子科学技术大学出版社，2021. 02.

［14］ 柯东贤，黄俊生. 大学生创新创业教育基于潮商创业精神［M］. 广州：广州暨南大学出版社，2021. 09.

［15］宋建卫，魏金普，杨洪瑞. 大学生创新与创业教育［M］. 北京：北京理工大学出版社，2021. 09.

［16］沈丹，杨百忍，孟昕. 大学生创新创业教育［M］. 南京：河海大学出版社，2021. 06.

［17］张政，王玉. 高校经管类专业创新创业教育研究［M］. 北京：中国纺织出版社，2021. 06.

［18］王东生. 新时代高校创新创业教育路径研究［M］. 吉林出版集团股份有限公司，2021. 11.

［19］殷华西. 互联网视域下高校创新创业教育研究［M］. 哈尔滨：东北林业大学出版社，2021. 12.

［20］张晓华. 大学生创新创业教育路径探究［M］. 北京：北京航空航天大学出版社，2021. 07.

［21］于澍，周葛龙，邵超. 高职学生创新创业教育基础［M］. 成都：西南交通大学出版社，2021. 08.

［22］张娅，黄应强，姚正大. E+创新创业教育［M］. 北京：中国轻工业出版社，2020. 09.

［23］陈虹. 大学创新创业教育［M］. 文化发展出版社，2020. 04.

［24］陈卫东，蔡冰. 高职创新创业教育教程［M］. 成都：电子科技大学出版社，2020. 06.

［25］陆丹. 大学创新创业教育与应用型人才培养［M］. 上海：上海交通大学出版社，2020.

［26］盛义保，王鉴颖，夏群. 大学生创新创业教育基础［M］. 合肥：合肥工业大学出版社，2020. 08.

［27］滕智源. "互联网+"时代大学生创新创业教育研究［M］. 北京：中国原子能出版社，2020.